Inhalt

Jeweils im Herbst erscheinen die neuen Ausgaben
der Abiturprüfungsaufgaben mit Lösungen.

Autor: Volker Schwamberger
Gabelsberger-Gymnasium, Mainburg

Hinweise

Der vorliegende Band zur Abiturprüfung im Grundkurs Ethik in Bayern soll sowohl bei der **Vorbereitung auf die schriftliche Abiturprüfung** wie auf das **Colloquium** Hilfestellung leisten. Für das **Colloquium** ist dies wesentlich schwieriger; denn die jeweils ausgewählten Schwerpunktthemen sind von Kurs zu Kurs verschieden. Dennoch sollen hier einige mögliche Aufgabenstellungen gebracht werden, die als Anregungen wie zur Information dienen können.

Die **schriftliche Abiturprüfung** hingegen ist in Bayern landesweit einheitlich. Seit 1986 werden dabei vom Kultusministerium dem Fachausschuß vier Aufgaben vorgelegt, aus denen dieser zwei auswählt. Der Prüfling bearbeitet dann davon eine nach seiner Wahl. Jede dieser Aufgaben besteht aus einem Schwerpunktthema und einem Ergänzungsthema aus einem anderen Kurshalbjahr. So ist es ausgeschlossen, daß sich Prüflinge bei ihrer Vorbereitung auf die schriftliche Abiturprüfung zu sehr auf bestimmte Kurshalbjahre konzentrieren; denn die Kombinationsmöglichkeiten der verschiedenen Themenbereiche erlauben vielfältige Zusammenstellungen. Die Arbeitszeit beträgt 180 Minuten, also doppelt soviel wie normalerweise in einer Klausur/Schulaufgabe.

Jede Abituraufgabe ist so angelegt, daß als Höchstzahl 60 Bewertungseinheiten (BE) zu erzielen sind, wobei diese auf die drei Anforderungsbereiche im Verhältnis 3:4:3 verteilt sind: I (Wissen): 18 BE – II (Anwenden): 24 BE – III (Urteilen): 18 BE. Wieviele BE pro Teilaufgabe zu erreichen sind, ist jeweils angegeben. Die Benotung erfolgt nach dem folgenden Umrechnungsschema.

Den Abiturprüfungsaufgaben ist ein sogenannter Erwartungshorizont für den Prüfungsausschuß beigelegt, in dem Anhaltspunkte für die inhaltliche Beantwortung der Teilaufgaben gegeben werden. Stellenweise konnte dieser Erwartungshorizont – zum Teil wörtlich – übernommen, meist mußte er aber etwas breiter ausgeführt werden.

Bewertungseinheiten	Noten mit Tendenzangabe	Notenpunkte
60/59/58	+1	15
57/56/55	1	14
54/53/52	1 -	13

51/50/49	+2	12
48/47/46	2	11
45/44/43	2 -	10
42/41/40	+3	9
39/38/37	3	8
36/35/34	3 -	7
33/32/31	+4	6
30/29/28	4	5
27/26/25	4 -	4
24/23/22	+5	3
21/20/19	5	2
18/17/16	5 -	1
15 - 0	6	0

Die Zuordnungstabelle ist immer nur auf die gesamte Prüfungsaufgabe, nicht aber auf eine Teilaufgabe bzw. einzelne Aufgabenabschnitte, anzuwenden!

Stichwortverzeichnis

Grundkurs Ethik: Colloquium

Hinweise

Die dreißigminütige Colloquiumsprüfung gliedert sich in **zwei Prüfungsteile:**

- in einen **zusammenhängenden Vortrag** aus dem **Schwerpunktbereich (Kurzreferat, ca. 10 Minuten)** mit einem anschließenden **Gespräch** darüber **(ca. 5 Minuten),** bei dem Inhalte aus dem gesamten Themenbereich einbezogen werden können,
- in ein **Prüfungsgespräch (ca. 15 Minuten)** zu den Lerninhalten **aus zwei weiteren Ausbildungsabschnitten,** das auch Fragestellungen aus der Begleitlektüre enthält. Der Prüflung muß zu jedem dieser beiden Abschnitte mindestens eine Begleitlektüre gelesen haben.

Für die Bewertung der mündlichen Prüfungsleistung in den beiden Prüfungsteilen gibt es jeweils **zwei Beurteilungsbereiche,** die gleich gewichtet werden:

- Gesprächsfähigkeit
- fachliche Kenntnisse und Fähigkeiten.

Es kommt also bei dieser Prüfung **nicht nur auf Fachwissen** an, **sondern auch auf die Kommunikationsfähigkeit.** Hinsichtlich der Gesprächsfähigkeit (Fähigkeit zum themagebundenen und partnerbezogenen Gespräch) wird der Prüfling beurteilt, inwieweit er die Fähigkeit gezeigt hat,

- sich von seinen in der Vorbereitungszeit (30 Minuten) gefertigten Notizen zu lösen und das Ergebnis seiner Überlegungen in freier Rede zusammenhängend vorzutragen,
- seine Ausführungen logisch zu gliedern,
- komplexe Sachverhalte klar und übersichtlich darzulegen und das Wesentliche herauszustellen,
- seinen eigenen Standpunkt zu begründen und von anderen Positionen abzuheben,
- sich auf das Gespräch zu konzentrieren, auf Fragen, Einwände, Anregungen des Prüfers einzugehen und gegebenenfalls Hilfestellungen aufzugreifen.

Sicher kann man nur auf der Basis solider Kenntnisse seine Gesprächsfähigkeit beweisen. Aber ohne gewisse sprachliche Fähigkeiten und Fertigkeiten, ohne Kommunikationsfähigkeit, kann man sein Fachwissen "nicht richtig an den Mann bringen". Es kommt bei der Prüfung auch darauf an, "sich gut zu verkaufen"! Ein gutes Nervenkostüm ist dabei von Vorteil, wenn man auf Einwände, Anregungen und Hilfestellungen, auch nonverbaler Art, der Prüfer geschickt reagieren will.

Da die Colloquiumsprüfungen **nicht zentral vom Kultusministerium** gestellt werden, sind die **Möglichkeiten,** wie diese mündlichen Prüfungen aussehen können, **sehr vielfältig und variieren von Kurs zu Kurs,** je nach der gewählten Begleitlektüre. Im folgenden sollen **drei exemplarische Beispiele** für den ersten Teil der Prüfung vorgestellt werden, die zeigen, wie solche Themenstellungen für die Kurzreferate aussehen können.

Colloquium Ethik:
Aufgabe I

Kurshalbjahresthema: **Freiheit und Determination**

Themenbereich: **Die Psychoanalyse Sigmund Freuds**

Referatsthema:

Freuds Konzept des Menschen als eines moralischen Wesens

- Skizzieren Sie die wichtigsten Elemente des Menschenbildes von Sigmund Freud, zeigen Sie deren Wandel auf und begründen Sie ihn!
- Erörtern Sie, ob und gegebenenfalls inwiefern Freud den Menschen als ein moralisches Wesen ansieht und ihm Willensfreiheit zugesteht!

Begleitlektüre:

E. Fromm, Philosopische Anthropologie und Psychoanalyse. Das Menschenbild Sigmund Freuds. In: R. Rocek, O. Schatz (Hrsg.), Philosophische Anthropologie heute. München (Beck) 1972, S. 84–102

Lösungsvorschlag

In der Prüfung wird dem Prüfling kein Text vorgelegt, wie das bei den anderen Beispielen der Fall ist, sondern nur das Referatsthema gestellt, wobei durch Untergliederung eine gewisse Grobstruktur für das Referat vorgegeben wird. Wem die Begleitlektüre bekannt ist, dem dürfte diese Aufgabe keine Schwierigkeiten bereiten. Das Referat könnte sich inhaltlich an folgenden Gesichtspunkten orientieren:

Menschenbild

allgemein:
- psychischer Apparat
- Mensch als isoliertes Einzelwesen, das zu seiner libidinösen Befriedigung der anderen Menschen bedarf
- Triebtheorie: seit 1920 stärkere Betonung der Rolle der menschlichen Destruktivität (Aggressionstrieb) gegenüber dem Gegensatz von Ich– und Sexualtrieben
- Begründung: Erlebnis des Krieges (Zerstörungstendenz in menschlicher Natur begründet), Freuds Krankheit, Enttäuschung über den Abfall seiner Schüler

Frau:
- Minderwertigkeit
- Begründung: Freuds Sexualtheorie, geprägt von der viktorianischen Epoche und Ausdruck der extrem patriarchalischen Vorstellungen von der natürlichen Überlegenheit des Mannes über die Frau

Kind: Freuds Position vom Verteidiger des Kindes zum Verteidiger der Eltern (Praxisbefunde)

Moralisches Wesen/Willensfreiheit

Relativierung aller Moral:
- Selbstinteresse (Realitätsprinzip)
- Gewissen/Über–Ich: Autorität, die die gesellschaftlichen Nor men verinnerlicht hat

Determiniertheit des Menschen durch das Unbewußte

aber: mit Hilfe der Vernunft Zugang und Kontrolle über das Unbewußte möglich.

Colloquium Ethik:
Aufgabe 2

Kurshalbjahresthema: **Recht und Gerechtigkeit**
Themenbereich: **Straftheorien**

Referatsthema:

Sinn staatlichen Strafens

- Fassen Sie knapp Kants Ansicht über den Sinn staatlichen Strafens zusammen und ordnen Sie diese einer Straftheorie zu!
- Nehmen Sie zu dieser im Text vertretenen Straftheorie kritisch Stellung, und versuchen Sie in Auseinandersetzung mit weiteren Straftheorien zu einer eigenen, begründeten Ansicht über den Sinn staatlichen Strafens zu kommen!

Begleitlektüre:

E. Schmidhäuser, Vom Sinn der Strafe, Göttingen (Vandenhoeck & Ruprecht) ^{2}1971, S. 43-74, S. 87-104

Text:

Richterliche Strafe [...] kann niemals bloß als Mittel, ein anderes Gute zu befördern, für den Verbrecher selbst, oder für die bürgerliche Gesellschaft, sondern muß jederzeit nur darum wider ihn verhängt werden, *weil er verbrochen* hat; denn der Mensch kann nie bloß als Mittel zu den Absichten eines anderen gehandhabt und unter die Gegenstände des Sachenrechts gemengt werden, wowider ihn seine angeborne Persönlichkeit schützt, ob er gleich die bürgerliche einzubüßen gar wohl verurteilt werden kann. Er muß vorher *strafbar* befunden sein, ehe noch daran gedacht wird, aus dieser Strafe einigen Nutzen für ihn selbst oder seine Mitbürger zu ziehen. Das Strafgesetz ist ein kategorischer Imperativ, und, wehe dem! welcher die Schlangenwindungen der Glückseligkeitslehre durchkriecht, um etwas aufzufinden, was durch den Vorteil, den es verspricht, ihn von der Strafe, oder auch nur einem Grade derselben entbinde, nach dem pharisäischen Wahlspruch: "es ist besser, daß *ein* Mensch sterbe, als daß das ganze Volk - verderbe"; denn, wenn die Gerechtigkeit untergeht, so hat es keinen Wert mehr, daß Menschen auf Erden leben. – [...]

Welche Art aber und welcher Grad der Bestrafung ist es, welche die öffentliche Gerechtigkeit sich zum Prinzip und Richtmaße macht? Kein anderes, als das Prinzip der Gleichheit (im Stande des Züngleins an der Wage der Gerechtigkeit), sich nicht mehr auf die eine, als auf die andere Seite hinzuneigen. Also: was für unverschuldetes Übel du einem anderen im Volk zufügst, das tust du dir selbst an.

[...] Nur das *Wiedervergeltungsrecht* (ius talionis), aber, wohl zu verstehen, vor den Schranken des Gerichts (nicht in deinem Privaturteil), kann die Qualität und Quantität der Strafe bestimmt angeben; alle andere sind hin und her schwankend, und können, anderer sich einmischenden Rücksichten wegen, keine Angemessenheit mit dem Spruch der reinen und strengen Gerechtigkeit enthalten.

[...] Selbst, wenn sich die bürgerliche Gesellschaft mit aller Glieder Einstimmung auflösete (z. B. das eine Insel bewohnende Volk beschlösse, auseinander zu gehen, und sich in alle Welt zu zerstreuen), müßte der letzte im Gefängnis befindliche Mörder vorher hingerichtet werden, damit jedermann das widerfahre, was seine Taten wert sind, und die

Blutschuld nicht auf dem Volke hafte, das auf diese Bestrafung nicht gedrungen hat; weil es als Teilnehmer an dieser öffentlichen Verletzung der Gerechtigkeit betrachtet werden kann.

(I. Kant, Die Metaphysik der Sitten. In: W. Weischedel (Hrsg.), Kant. Werke, Bd. IV, Wiesbaden (Insel), S. 453–455 (gekürzt)).

Lösungsvorschlag

Anders als beim ersten Beispiel geht hier das Referat von einem Text aus. Auch hier strukturieren Fragen das Referatsthema und geben Hinweise und Hilfen für die Erschließung des Themas wie für den Aufbau des Referats, das inhaltlich folgendermaßen aufgebaut sein könnte.

Zuordnung zur Gerechtigkeits- oder Vergeltungstheorie, die zu den sogenannten absoluten Straftheorien gehört, aufgrund der Ansicht Kants über den Sinn staatlichen Strafens:

- Ablehnung jeder utilitaristischen Zwecksetzung und damit der relativen Straftheorien
- Gestraft wird, weil der Mensch "verbrochen hat" (Z. 3)
- Mensch als Persönlichkeit mit Würde und Verantwortung gesehen (Z. 3 ff.)
- Willensfreiheit und Verantwortlichkeit als Voraussetzung für die Strafwürdigkeit (Z. 7)
- Absolutsetzung des Wertes der Gerechtigkeit (Z. 20)
- Wiedervergeltung (Z. 20)

Kritische Stellungnahme

positiv:
- Berücksichtigung der Interessen des Opfers und der Gesellchaft
- Verantwortlichkeit der Person (Menschenbild)
- Berufung auf den praktischen Imperativ: Der Mensch darf nie als bloßes Mittel zu einem Zweck herabgewürdigt werden.

negativ:
- Strafmaß problematisch (Todesstrafe!)
- Nichtberücksichtigung der Täterpersönlichkeit (zurechnungsfähig?)
- Bedeutung der Generalprävention
- Gerechtigkeit nie voll zu verwirklichen
- Berücksichtigung auch anderer ethischer Werte wie Gnade, Barmherzigkeit, Nächstenliebe

Eigene Ansicht

Mischung aus Tat- und Täterstrafrecht, aus absoluten (Vergeltungs-, Sühnetheorien) und relativen Straftheorien (General-, Spezialprävention), je nach eigenem Standpunkt gewichten und begründen

Colloquium Ethik:
Aufgabe III

Kurshalbjahresthema: **Glück**

Themenbereich: **Sozialutopien**

Referatsthema:

J. V. Andreä, Christianopolis (1619)

- Geben Sie den Inhalt des Textauszuges knapp wieder!
- Welche für Sozialutopien typische Elemente können Sie erkennen?
- Wenden Sie Ihre Kenntnise über andere Sozialutopien auf den vorliegenden Text vergleichend an!
- Erörtern Sie kritisch zwei selbstgewählte Aussagen des vorliegenden Textes!

Begleitlektüre:

H. Freyer, Die Gesetze des utopistischen Denkens

K.R. Popper, Utopie und Gewalt

beide in: A. Neusüss (Hrsg.), Utopie. Begriff und Phänomen des Utopischen, Neuwied (Luchterhand) ^{2}1972, S. 299-326

Text:

15. Ernährung

Ihre Mahlzeiten nehmen die Christianopolitaner privat ein, doch die Nahrung beziehen sie aus dem öffentlichen Vorratshaus. Denn da es bei einer großen Menge gemeinsam Speisender kaum möglich ist, schlechtes Benehmen und Unordnung zu vermeiden, halten sie es für besser, daß die Menschen für sich in ihren eigenen Wohnungen essen. Wie die Nahrung entsprechend dem Ausfall der jährlichen Ernte verteilt wird, so wird sie auch wöchentlich nach der Zahl der Familien ausgegeben; einzig die Versorgung mit Wein geschieht halbjährlich, oder, je nach den Umständen, in noch größeren Zwischenräumen. Das Frischfleisch bekommen sie auf der Fleischbank und dürfen sich soviel nehmen, wie ihnen angewiesen wird. Fisch, Wild und alle Arten von Geflügel werden angemessen aufgeteilt, wobei Jahreszeit und Lebensalter berücksichtigt werden. Für gewöhnlich haben sie vier Mahlzeiten, die von den Frauen reinlich zubereitet und mit frommen und herzlichen Worten gewürzt werden. Wer immer einen Gast bewirten möchte, darf dies tun, und man hilft sich gegenseitig mit Speisen aus; wenn es ein Fremder sein sollte, beschaffen sie aus dem öffentlichen Vorrat, was nötig ist. Denn die oben beschriebene Küche[1] dient dazu, über das wöchentlich Zugemessene hinaus aus Gründen der Ehrerbietung gegebenenfalls auch mehr anbieten zu können. [...]

16. Die Arbeit

Die Arbeit, oder wie sie es lieber hören, die "Übung der Hände", wickelt sich nach einer bestimmten vorgeschriebenen Weise ab, und alles Hergestellte wird in ein Lagerhaus geschafft, dem jeder Handwerker auch entnehmen kann, was er an Material für die jeweils nächste Woche benötigt. So ist denn die ganze Stadt wie eine einzige Werkstatt der allerdings verschiedensten Fertigungen. Die diesem Aufgabenbereich Vorgesetzten sind in den kleineren Ecktürmen untergebracht; sie wissen im voraus, wieviel nach Menge und Form hergestellt werden muß, und sie geben den Arbeitern davon Nachricht. Reicht die Menge von Hergestelltem im Lagerhaus hin, so kommt ihr Geist zu ihrem Recht, und sie können ihre Erfindungskraft spielen lassen. Niemand besitzt Geld, und zu privaten Zwecken hat es auch keinerlei Wert; dennoch besitzt der Staat eine Schatzkammer. Gerade darin sind die Einwohner glücklich zu achten, daß niemand durch Besitz von Reichtum den anderen übertrifft, weil Tüchtigkeit und Geist hier mehr gefragt sind und Sittlichkeit und Frömmigkeit sich höchster Wertschätzung erfreuen. Sie haben nur wenige Arbeitsstunden, und trotzdem wird nicht weniger geschafft. Über Gebühr der Muße zu pflegen, gilt allen für schimpflich. Während anderswo zehn Fleißige kaum einen Müßiggänger ernähren, wird man leicht glauben können, daß hier, wo alle arbeiten, dem einzelnen auch Zeit zur Entspannung übrigbleibt. Außerdem sieht man deutlich, daß alle mit der Arbeit ihrem Körper mehr Nutzen als Schaden erweisen. Wo es keine Sklaverei gibt, ist auch im menschlichen Körper kein Widerwille, der beschwert und entkräftet.

(J. V. Andreae, Christianopolis. Aus dem Lateinischen übersetzt, kommentiert und mit einem Nachwort herausgegeben von Wolfgang Biesterfeld, Stuttgart (reclam UB 9786) 1975, S. 34–36 (gekürzt))

[1]das Vorratshaus

Lösungsvorschlag

Auch dieses Beispiel, das von einem Text ausgeht, beginnt mit Textarbeit, verlangt Anwendung der Begleitlektüre *sowie* von Kenntnissen aus den behandelten Sozialutopien und endet mit einer Stellungnahme.

Für Sozialutopien typische Elemente:

- Kollektivismus
- geschlossenes System
- kein Mangel durch staatliche Fürsorge und Planung für das Glück / die Wohlfahrt der Bewohner
- Ablehnung der Geldwirtschaft

Dies wird gezeigt anhand der Ernährung und der Arbeitsorganisation:

Ernährung:
- öffentliches Vorratshaus
- schickliches Benehmen (Z. 2 ff.)
- gerechte Verteilung der Nahrungsmittel
- ausreichende Versorgung
- kostenloser Bezug der Nahrung

Arbeitsorganisation:
- Lagerhaus
- Arbeitspflicht
- Körperertüchtigung
- geringe Arbeitszeit
- Erholung durch geistige Übungen (Z. 32 f.)
- Gleichheit
- keine Neidgefühle
- Planung durch Vorgesetzte

Vergleich mit anderen bekannten Sozialutopien hinsichtlich der oben angeführten Bereiche je nach durchgenommenen Texten

Kritik

Zwei von den oben aufgeführten Punkten können ausgewählt werden, wobei auf Aspekte der Begleitlektüre eingegangen werden soll, die ja am Utopismus Kritik übt. Mögliche Problematisierungen:

- Kann dies gewaltlos durchgesetzt werden?
- Ist der Mensch hinsichtlich seines Verhaltens und seiner Psyche richtig eingeschätzt?
- Ist Freiheit gewährleistet?

Grundkurs Ethik: Abiturprüfungsaufgaben 1988
Aufgabe I – Schwerpunktthema: "Grundfragen philosophischer Ethik"

Text A:

Die moderne Technik hat Handlungen von so neuer Größenordnung, mit so neuartigen Objekten und so neuartigen Folgen eingeführt, daß der Rahmen früherer Ethik sie nicht mehr fassen kann. Gewiß, die alten Vorschriften der "Nächsten"-Ethik gelten immer noch für diese nächste, tägliche Sphäre menschlicher Wechselwirkung. Aber diese Sphäre ist überschattet von einem wachsenden Bereich kollektiven Tuns, in dem Täter, Tat und Wirkung nicht mehr dieselben sind wie in der Nahsphäre, und der durch die Enormität seiner Kräfte der Ethik eine neue, nie zuvor erträumte Dimension der Verantwortung aufzwingt.

Text B:

Heute winkt uns durch gewisse Fortschritte in der Zellbiologie die praktische Aussicht, den biochemischen Altersprozessen entgegenzuwirken und die menschliche Lebensspanne zu verlängern, vielleicht gar auf unbestimmte Zeit hinauszuziehen. Der Tod erscheint nicht mehr als eine zur Natur des Lebendigen gehörige Notwendigkeit, sondern als eine vermeidbare, jedenfalls im Prinzip traktable[1] und lange aufschiebbare, organische Fehlleistung. Zum ersten Mal haben wir uns im Ernst die Frage vorzulegen: "Wie wünschenswert ist dies? Wie wünschenswert für das Individuum, und wie für die Gattung?" Diese Fragen berühren nicht weniger als den ganzen Sinn unserer Endlichkeit, die Einstellung zum Tode, und die allgemeine biologische Bedeutung der Balance von Tod und Fortpflanzung. Noch vor solchen letzten Fragen stellen sich die mehr praktischen, wer zu dem vermeintlichen Segen Zutritt haben soll: Personen von besonderem Wert und Verdienst? von gesellschaftlicher Wichtigkeit? diejenigen, die dafür zahlen können? Jeder? Das letzte möchte als das allein Gerechte erscheinen. Aber dafür müßte am entgegengesetzten Ende bezahlt werden. Denn es ist klar, im bevölkerungsweiten Maßstab ist der Preis für ausgedehntes Alter ein verminderter Zugang neuen Lebens. Wie gut oder schlecht wäre dies für den allgemeinen Zustand des Menschen? Und wie recht oder unrecht wäre es, den Platz der Jugend durch Vorbesitz zu sperren? Sterbenmüssen ist verknüpft mit Geborensein. So war es immer verfügt gewesen; jetzt muß sein Sinn im Raume der Entscheidung überdacht werden.

[1] (durch die Medizin) behandelbare

(Jonas, H., Das Prinzip Verantwortung. Versuch einer Ethik für die technische Zivilisation, Frankfurt a. M., 1979, Text A: S. 26, Text B: S. 48 f. Zum Zweck der Prüfung gekürzt und bearbeitet.)

BE

1.1 Zeigen Sie anhand des Problembeispiels in Text B, daß mit Jonas von einer "neuen Dimension der Verantwortung" (Text A, Z. 7 f.) in der Ethik gesprochen werden kann! (6)

1.2 Erläutern Sie, welche konkurrierenden Werte bei der Frage, "wie wünschenswert ist dies (...) für das Individuum, *und* wie für die Gattung?" (Text B, Z. 7 f.), eine Rolle spielen! (10)

1.3 Stellen Sie in knapper Form dar, wie in einem Ihnen bekannten philosophisch-ethischen System die Frage nach einem "wünschenswerten" bzw. guten Leben beantwortet wird! (10)

1.4 Nach Jonas könnte es dazu kommen, daß die Bereiche "Fortpflanzung" und "Tod" in die Verfügungsgewalt gesellschaftlicher Institutionen gestellt werden. Welche Probleme ergeben sich aus dieser neuen Situation für die Betroffenen *und* für diejenigen, die solche Entscheidungen treffen? (8)

1.5 Der Autor wählt den Fall des "ausgedehnten Alters" (Text B, Z. 15) und einer eventuell notwendigen Geburtenkontrolle als Beispiel für den Bereich "kollektiven Tuns" (Text A, Z. 5).

Erläutern Sie ein selbstgewähltes Parallelbeispiel (etwa aus dem Gebiet der Gentechnologie oder der Ökologie), an dem ebenfalls deutlich wird, daß ein bisher "verfügter" bzw. naturhaft geregelter Zustand sich zu einer Situation verändert, in der eine ethisch begründete Entscheidung notwendig wird! (6)

Ergänzungsthema: "Recht und Gerechtigkeit"

2.1 Welche Vorstellung von Gerechtigkeit steht hinter der Aussage: "Jeder? Das letzte möchte als das allein Gerechte erscheinen." (Text B, Z. 13) Grenzen Sie diese Vorstellung von einer anderen Definition von Gerechtigkeit ab! (4)

2.2 "Wenn du die Geschichte eines großen Verbrechers liesest, so danke immer, ehe du ihn verdammst, dem gütigen Himmel, der dich mit deinem ehrlichen Gesicht nicht an den Anfang einer solchen Reihe von Umständen gestellt hat." *(Georg Christoph Lichtenberg, 1742–1799)*

Zeigen Sie, daß Lichtenberg hier bereits eine bestimmte Sicht im Bereich der modernen Kriminalitätstheorie formuliert hat, *und* stellen Sie *ein* grundsätzliches Argument dagegen! (10)

2.3 Die Rechtspraxis eines modernen Staates bemißt sich unter anderem am Prinzip der Humanität. Führen Sie diese Feststellung an *einem* selbstgewählten Beispiel näher aus, *und* begründen Sie die Wahl Ihres Beispiels! (6)

Lösungshinweise

1.1 Das in Text B gebrachte Problembeispiel weist folgende Aspekte auf, mit denen in Text A "die neue Dimension der Verantwortung" gekennzeichnet wird:

"neue Größenordnung" (A, Z. 1):
Es handelt sich um ein globales Problem; es geht über die "nächste, tägliche Sphäre menschlicher Wechselwirkung" (A, Z. 4) hinaus und betrifft eine Vielzahl von Menschen heute und – das ist ebenfalls wichtig – auch in ferner Zukunft.

"neuartige Objekte"/"neuartige Folgen" (A, Z. 1 f.):
Was bisher "als eine zur Natur des Lebendigen gehörige Notwendigkeit" (B, Z. 4) erschien, als eine Art naturbestimmter Prozeß (B, Z. 18 f.: "So war es immer verfügt gewesen."), ist plötzlich in die Verfügungsgewalt des Menschen gestellt. Er hat zwischen verschiedenen Alternativen zu wählen und *muß* eine Entscheidung treffen (B, Z. 18 f.). Allerdings ist die Problematik so komplex, daß es nicht möglich erscheint, daß sie von jedem *einzelnen* entschieden werden *kann*.

"neue Dimension der Verantwortung" (A, Z. 7):
Es geht um "den ganzen Sinn unserer Endlichkeit" (B, Z. 8), also um das Selbstverständnis des Menschen. Dadurch, daß auch "die allgemeine biologische Bedeutung der Balance von Tod und Fortpflanzung" (B, Z. 9 f.) betroffen ist, also auch die Existenz der Gattung "Mensch" auf dem Spiel steht, da die Entscheidungen auch die zukünftigen Generationen betreffen (B, Z. 15): "ein verminderter Zugang neuen Lebens"), ergibt sich eine neue Qualität, eine "neue Dimension der Verantwortung".
Ferner stellen sich "vor solchen Fragen [...] die mehr praktischen" (B, Z. 10): Wer soll befugt sein, solche Entscheidungen zu fällen? (II 6 BE)

1.2 Die Verlängerung der Lebensspanne bringt zunächst eine Menge positiver Aspekte für das Individuum und berührt damit verschiedene Werte: Sollte die Lebensverlängerung unter humanen und freiheitlichen Lebensbedingungen (Menschenwürde) erfolgen, gewinnt das Individuum an Lebensfreude und Möglichkeiten zur Selbstverwirklichung, also an individuellem Glück.

Auf der anderen Seite ist das biologische Gleichgewicht die Voraussetzung für die Erhaltung der Gattung. Dabei ist entscheidend, unter welchen Bedingungen dies geschieht. Denn die Verlängerung der individuellen Lebensspanne bringt die Gefahr einer Überbevölkerung mit ungerechter Verteilung der Güter und unverantwortlicher Ausbeutung der Resourcen der Erde mit sich (vgl. hierzu Dritte-Welt-Problematik, Gefahr einer ökologischen Katastrophe) und kann schließlich zu einem Überlebenskampf zwischen verschiedenen Gruppen führen. Ferner droht die Gefahr, daß die Überlebensfragen der Menschheit totalitär gelöst werden, daß sich also totalitäre Regime etablieren, die die Probleme entscheiden. Deshalb muß die Erhaltung der Gattung unter humanen Lebensbedingungen erfolgen, muß der Schutz der individuellen Freiheitsrechte garantiert sein. Die Spannung zwischen der freien Selbstbestimmung und der allgemeinen Wohlfahrt bis hin zur Erhaltung der Gattung muß einen gerechten Ausgleich finden.

Ferner ist zu bedenken, wie Zukunft und Fortschritt gesichert werden können. Auf der einen Seite können Weisheit und Erfahrung, die das Individuum im Laufe der langen Lebensspanne erworben hat, in den Dienst an der Gemeinschaft gestellt werden; andererseits kann dies zu Routine und zu Stagnation führen. (Vgl. hierzu Jonas, a. a. O., S. 49 f.: "Aber vielleicht ist eben dies die Weisheit in der harschen Fügung unserer Sterblichkeit: daß sie uns das ewig neue Versprechen bietet, das in der Anfänglichkeit, der Unmittelbarkeit und dem Eifer der Jugend liegt [...]. Es gibt keinen

Ersatz dafür in der größeren Ansammlung verlängerter Erfahrung [...]. Dies immer-wieder-Anfangen [...] kann sehr wohl die Hoffnung der Menschheit sein, ihr Schutz davor, in Langeweile und Routine zu versinken, ihre Chance, die Spontaneität des Lebens zu bewahren.") (I 4 BE + II 6 BE)

1.3 Hier bieten sich v. a. "Glücksphilosophien" an, aber auch andere philosophisch-ethische Systeme können ausgewählt werden. Die Forderung nach einer Darstellung "in knapper Form" berücksichtigt die zur Verfügung stehende Zeit, die keine ausführliche Darlegung erlaubt. Außerdem kommt es auf die im Unterricht gesetzten Schwerpunkte an.

z. B. Eudämonismus des Aristoteles
Der Mensch strebt nach einem "geglückten Dasein", nach dem "guten Leben". Für dieses "Glück" verwendet Aristoteles den Begriff "eudaimonia". Sie ist Ziel des Lebens und höchstes Gut. Da sich der Mensch als "zoon politikon" durch Gesellschaftlichkeit auszeichnet, bedarf es zur Verwirklichung seines Wesens der Polis als der politischen Gemeinschaft der freien Bürger. Der Staat ist somit notwendig, daß der Mensch zur Selbstverwirklichung gelangen kann, gehört zu seiner Natur. Als Bürger ist ein "gutes Leben" und damit "Glück" durch ein tugendhaftes Leben gemäß dem Tugend-Ideal der Mitte (Mesotes-Lehre) erreichbar. Man kann also dann von einem "geglückten Leben" des Bürgers sprechen, wenn er in der Polis diese politisch-ethische Tugend (Arete) verwirklicht. Dabei gehören nach Aristoteles zur Erreichung der vollkommenen Eudämonie auch günstige Umstände (äußere Güter wie Reichtum, Besitz usw., leibliche Güter wie Gesundheit, Schönheit usw.).
Neben dieser Bestimmung des "bürgerlichen" Glücks gibt es bei Aristoteles noch die des "theoretischen" Lebens. Dieses erfüllt sich in der "Theoria", der intellektuellen Anschauung des Philosophen, die die höchstmögliche Annäherung des Menschen an die göttliche Glückseligkeit darstellt.

z. B. der klassische Utilitarismus
Das "gute Leben" orientiert sich am sozialen Nutzen ("Sozialeudämonismus"). Eine Handlung ist dann gut, wenn sie das Prinzip des "größten Glücks der größten Zahl" berücksichtigt und verwirklicht. Der einzelne muß vor seinem Handeln abwägen, wie dieses zu erzielen ist (hedonistisches Kalkül). Die möglichen Folgen der Handlung für sich und die anderen sind zu bedenken (teleologische Ethik, Konsequenzen-Prinzip). Während J. Bentham das "größte Glück" noch rein quantitativ bestimmt, differenziert J. S. Mill und unterscheidet zwischen qualitativ verschiedenen Stufen von Glück, also zwischen "höherem" und "niedrigerem" Glück.

z. B. Kant
Es ist auch möglich, Kant zur Beantwortung heranzuziehen, auch wenn es Kant nicht primär um das "gute Leben" im Sinne der eudämonistischen Ethik geht, sondern um das moralisch gute Leben.
Das Kriterium, das eine Handlung moralisch gut ("wünschenswert") macht, ist allein der gute Wille, das Gute um des Guten willen zu tun ("Gesinnungsethik"). Eine moralisch gute Handlung muß sich dabei nach dem Vernunftgesetz rechtfertigen lassen. Sie darf auch nur "aus Pflicht" diesem Vernunftgesetz gegenüber angestrebt werden (Kant: "Pflicht ist die Notwendigkeit einer Handlung aus Achtung fürs Gesetz."). Kant lehnt jedes Handeln "aus Neigung" ab: Man darf mit seinem Handeln keinerlei individuelle Absichten oder Zwecke verfolgen oder auf den Erfolg Rücksicht nehmen. Formuliert ist diese "Pflichtethik" in den berühmten Formeln des kategorischen Imperativs. (I 10 BE)

1.4 **Probleme für die Betroffenen**

- Eingriff in die Intim- und Privatsphäre, die einem Zugriff gesellschaftlicher Institutionen verschlossen bleiben sollte,
- Einschränkung/Ausschaltung der freien Selbstbestimmung und damit des Gewissens als letzter persönlicher Instanz
- Möglichkeit/Gefahr, das Opfer von Mißbrauch zu werden,
- Verhängung negativer Sanktionen (z. B. höhere Steuern bei Überschreiten einer bestimmten Kinderzahl, Zwangssterilisation usw.)

Probleme für die Entscheidungsträger

- mögliche Überforderung bei der Entscheidung über Leben und Tod und damit
- notwendiges Schuldigwerden der Entscheidungsträger
- Frage nach dem Maßstab und der Legitimation (III 8 BE)

1.5 Die Fragestellung ist hier genau zu beachten. Es ist nämlich nicht gefordert, eine Lösung zu bringen.

z. B. Eugenik

H. Jonas (a. a. O., S. 52 f.) führt die genetische Manipulation an, nach der es möglich werden kann, Menschen nach Wunsch zu züchten. Er nimmt zu dem "ehrgeizigen Traum", "daß der Mensch seine eigene Evolution in die Hand nehmen will", wie folgt Stellung: "Ob wir dazu das Recht haben, ob wir für diese schöpferische Rolle qualifiziert sind, ist die ernsteste Frage, die dem plötzlich im Besitz solch schicksalhafter Macht sich findenden Menschen gestellt sein kann. Wer werden die "Bild"-Macher sein, nach welchen Vorbildern, und auf Grund welchen Wissens? Auch die Frage nach dem moralischen Recht, mit künftigen menschlichen Wesen zu experimentieren, stellt sich hier." Jonas macht also deutlich, daß der wissenschaftliche Fortschritt dringend eine ethische Entscheidung fordert. Unter Umständen müssen der technischen Machbarkeit auch Grenzen gesetzt werden.

z. B. Ökologie

Jonas selbst (a .a. O., S. 26 ff.) bringt unter der Überschrift "Die Verletzlichkeit der Natur" das Beispiel der Ökologie, an dem er zeigt, wie ein bisher naturhaft geregelter Zustand sich zu einer Situation verändert, in der eine ethische Entscheidung notwendig wird: "Man nehme zum Beispiel [...] die kritische *Verletzlichkeit* der Natur durch die technische Intervention des Menschen - eine Verletzlichkeit, die nicht vermutet war, bevor sie sich in schon angerichtetem Schaden zu erkennen gab. Diese Entdeckung, deren Schock zu dem Begriff und der beginnenden Wissenschaft der Umweltforschung (Ökologie) führte, verändert die ganze Vorstellung unserer selbst als eines kausalen Faktors im weiteren System der Dinge. Sie bringt durch die Wirkungen an den Tag, daß die Natur menschlichen Handelns sich de facto geändert *hat,* und daß ein Gegenstand von gänzlich neuer Ordnung, nicht weniger als die gesamte Biosphäre des Planeten, dem hinzugefügt worden ist, wofür wir verantwortlich sein müssen, weil wir Macht darüber haben. [...] Die Natur als eine menschliche Verantwortlichkeit ist sicher ein Novum, über das ethische Theorie nachsinnen muß."

Während also bisher Eingriffe des Menschen in die Natur deren Haushalt insgesamt nicht aus der Balance brachten, wird jetzt durch die Umweltschäden (Luft-, Gewässerverschmutzung, "Ozonloch") deutlich, daß diese Verträglichkeit nicht mehr gewährleistet ist. Die Natur ist der menschlichen Macht ausgeliefert; deshalb ist der Mensch für sie verantwortlich. Er muß sie schon aus Eigeninteresse als unbedingt notwendigen Lebensraum anerkennen und schützen und/oder ihr eventuell gar ein sittliches Eigenrecht zuerkennen, eventuell auch deshalb, weil er sie als unantastbare Schöpfung Gottes versteht. (II 4 BE + III 2 BE)

2.1 Dahinter steht die Gerechtigkeitsvorstellung "Jedem das Gleiche", d. h. das Prinzip der schematischen, arithmetischen Gleichbehandlung. Dieser Gerechtigkeitskonzeption können entgegengesetzt werden:

z. B. "Jedem nach seiner Leistung"
Dieses Prinzip betont gegenüber der schematischen Gleichbehandlung eine proportionale Behandlung nach dem Kriterium der Leistung.

z. B. "Jedem nach seinen Bedürfnissen"
Hier wird ebenfalls gegenüber der schematischen Gleichbehandlung eine proportionale Behandlung gefordert, nur daß hier das Kriterium anders bestimmt wird: Unter den Wesen der gleichen Kategorie gibt es Unterschiede, die gerechterweise zu berücksichtigen sind, diejenigen nämlich, die sich aus der Unmöglichkeit ergeben, die lebensnotwendigen Bedürfnisse zu befrieden.

z. B. "Jedem das Seine"
Dieses sehr allgemein formulierte Prinzip betont gegenüber der arithmetisch-schematischen Gleichbehandlung die individuumsbezogene, relative Behandlung, wobei allerdings das Kriterium nicht präzise genannt wird, mit dem die Ungleichbehandlung gerechtfertigt wird (Bedürfnis? Leistung? Rang? usw.). (I 4 BE)

2.2 Man kann die von Lichtenberg formulierte Sicht der Entstehung von Kriminalität mit dem Begriff "Milieutheorie" umschreiben. Diese behauptet, daß die Umwelt ("Milieu") den Menschen determiniert, d. h. in diesem Falle, daß ein Mensch durch eine bestimmte Reihe von Determinanten in seiner Umwelt zum Straftäter werden *muß*. Solche determinierende Faktoren können in seinem Elternhaus (Stiefkinder, Erziehung in zerrütteten Familien, in Fremdfamilien oder gar in Heimen) und seiner Zugehörigkeit zu bestimmten gesellschaftlichen Schichten (schichtspezifische Delikte) liegen, wie die Kriminologie nachgewiesen hat.
Diesen Ergebnissen der Wissenschaft ist jedoch entgegenzuhalten, daß nicht *jeder* Mensch in der *gleichen* Situation straffällig wird. D. h. also, daß das Milieu doch nicht in diesem strengen Sinne determiniert; denn sonst wären Menschen aus dem gleichen Milieu gleich häufig straffällig, und das bei gleichen Delikten. Der Mensch hätte somit keine Chance, seinem vorherbestimmten Schicksal zu entgehen. (II 6 BE + III 4 BE)

2.3 Die Rechtspraxis muß sich an dem oberstem Leitsatz "Die Würde des Menschen ist unantastbar" orientieren und messen lassen. Inwiefern sie die Anerkennung und den Schutz der Menschenwürde gewährleisten kann, zeigt sich vor allem auch am Strafvollzug; denn dort müssen notwendigerweise ja die Grundrechte eingeschränkt werden. Doch auch hier müssen sie so weit wie möglich gesichert werden, d. h., daß der Strafvollzug human gestaltet werden muß (Lebensbedingungen, z. B. Freizeit, Arbeit, Bezahlung usw.) und nicht von Rache bestimmt wird. Zwar ist der Aspekt der Abschreckung (Generalprävention) nicht außer acht zu lassen, dennoch ist die Resozialisierung vorrangiges Ziel.
Als weiteres Beispiel könnte die Behandlung der Asylanten gewählt werden. Obwohl sie nicht deutsche Staatsbürger sind, haben sie Anspruch auf Anerkennung ihrer Menschenwürde und damit der allgemeinen Menschenrechte (für *alle* Menschen gültig im Unterschied zu den spezifischen *Bürger*rechten des deutschen Staatsbürgers), wozu sicher ein Leben unter menschenwürdigen Bedingungen (Wohnung, Arbeit, Bildung usw.) gehört. (II 2 BE + III 4 BE)

Grundkurs Ethik: Abiturprüfungprüfungsaufgaben 1988
Aufgabe II – Schwerpunktthema: "Freiheit und Determination"

Text:

In keiner Gesellschaft gibt es eine totale soziale Freiheit. So ist zunächst in jeder Gesellschaft die Zahl der Alternativen begrenzt, die für die Gestaltung des Lebens bekannt sind. Außerdem sind die bekannten Alternativen meist "bewertet", so daß mit ihnen "Rangvorstellungen" verbunden werden. Weiterhin ist das Wählendürfen häufig durch gewisse Bedingungen eingeschränkt, und schließlich gibt es in jeder Gesellschaft soziale Hemmnisse, die bestimmte Gesellschaftsmitglieder daran hindern, zwischen den Alternativen frei wählen zu *können,* zwischen denen sie wählen *dürfen.*

Überall wo Menschen miteinander leben, muß dieses Miteinander geregelt und dafür Sorge getragen werden, daß die Freiheit des einen nicht zur Unfreiheit des anderen wird. So werden in jeder menschlichen Gesellschaft Werte "gesetzt" und Wege geregelt, wie man diese erreichen kann und wie man miteinander leben soll. Diese Normierung bedeutet für den einzelnen zwar einerseits Begrenzung und Zwang, aber andererseits auch Entlastung.

Es wäre aber nun ein völliges Mißverständnis, wenn man die "Gesellschaft" in erster Linie als eine Institution verstehen würde, die individuelle Freiheiten begrenzt. Tatsächlich ist es nämlich gerade auch die Gesellschaft (bzw. die Tatsache menschlichen Zusammenlebens überhaupt), die die Chance zur Freiheit begründet. Das ist das Doppelgesicht der Gesellschaft, daß sie Freiheiten schafft und begrenzt. So ist die Gesellschaft für den einzelnen immer zugleich liebliche und ärgerliche Tatsache, Chance und Gefahr, Stütze und Drohung.

(Bolte, K. M., Die gesellschaftliche Situation der Gegenwart. In: K. M. Bolte, Deutsche Gesellschaft im Wandel, Opladen, 1966, S. 44 f. Zum Zweck der Prüfung gekürzt und bearbeitet.)

BE

1.1 Charakterisieren Sie das Spannungsverhältnis, in dem, nach der Aussage des Autors, das Individuum in der Gesellschaft lebt, *und* beschreiben Sie für die in Z. 4-7 dargestellte Situation *ein* konkretes Beispiel! (6)

1.2 Erläutern Sie anhand *eines* konkreten Beispiels, wie "Alternativen für die Gestaltung des Lebens bewertet" werden, so daß mit ihnen "Rangvorstellungen" (Z. 1-4) verbunden sind! (8)

1.3 Mit dem Begriff "soziale Hemmnisse" (Z. 5 f.) wird die Begrenzung der Freiheit des einzelnen bei seiner Lebensgestaltung beschrieben. Welche Grundhaltung gegenüber sozialen Hemmnissen drückt sich in dem folgenden, auch ethisch relevanten Satz Friedrich Schillers aus?

"Der Mensch ist frei geschaffen, ist frei,
Und würd' er in Ketten geboren." *(Die Worte des Glaubens, 1797)*

Nehmen Sie anhand *eines* konkreten Beispiels begründet Stellung zu dieser Aussage! (12)

1.4 Zeigen und begründen Sie, daß die Gesellschaft für den Menschen "Chance" und "Stütze" (Z. 19 f.) ist bei seiner freiheitlichen Selbstverwirklichung, *und* verdeutlichen Sie Ihre Ausführungen anhand *eines* selbstgewählten Beispiels! (12)

Ergänzungsthema: "Glück"

2.1 Zeigen Sie, welche Rolle die soziale Dimension individuellen Glücksstrebens in einer philosophischen Glückslehre der Antike spielt! (8)

2.2 Viele, gerade junge Menschen unserer Zeit suchen Glückserfahrungen in religiösen oder pseudoreligiösen Gruppen.
Welche Glückserwartungen werden darin erkennbar, die von anderen gesellschaftlichen Glücksangeboten offenbar nicht erfüllt werden? (8)

2.3 Könnte man den Begriff "Glück" durch den der "Lebensqualität" ersetzen? Nehmen Sie begründet Stellung! (6)

Lösungshinweise

1.1 Das Individuum ist durch die Gesellschaft einer Reihe von sozialen Zwängen und Einschränkungen unterworfen; die Gesellschaft jedoch bietet auch "Chancen zur Freiheit" (Z. 17).

Mögliches Beispiel: **Partnerwahl**
Zwar ist theoretisch die Wahl eines Partners völlig frei, aber in der Realität unterliegt sie verschiedenen Einschränkungen durch schichtspezifische Hürden (Z. 4: "Rangvorstellungen") (I 6 BE)

1.2 Mögliches Beispiel: **"berufstätiger Mann" – "Hausmann"**
Bis weit ins 20. Jahrhundert sah man es als gleichsam natürliche Rolle des Mannes an, durch seinen Beruf die Familie zu ernähren und somit ihre Sicherheit zu garantieren, und bewertete diese Rolle entsprechend hoch. So gebührte ihm auch der höchste Rang innerhalb der Familie. Dieser traditionellen Vorstellung gegenüber hat es die alternative Rolle des Hausmannes selbst heute noch schwer, als gleichberechtigt anerkannt zu werden, weil "typisch" männliche Funktionen, die man dem Mann gleichsam als "von Natur aus" zugehörig zuschrieb, durch diesen Rollenwandel nicht mehr erfüllt werden, manchmal sogar seine Männlichkeit selbst in Frage gestellt wird.

Weitere mögliche Beispiele:
- "berufstätige Frau" – "Hausfrau"
- "Wehrpflicht" – "Zivildienst"
- "verheiratet" – "ledig" ("alte Jungfer", "Hagestolz")
- "traditionelle Familienwohnung" – "Wohngemeinschaft" (II 8 BE)

1.3 Nach Schillers Zitat ist der Mensch von seinem Wesen her trotz aller sozialen Determination letztlich unveränderbar frei.
Als Beispiel bietet sich ein in der Dritten Welt in äußerst negativ determinierten Verhältnissen (extreme Armut, unterste Gesellschaftsschicht, damit mangelnde Bildungschancen und kein sozialer Aufstieg usw.) Geborener an.

Infragestellung der Aussage Schillers
Wer in einer solchen Situation aufwächst, hat wenig Chancen, sich diesen äußeren Zwängen zu entziehen. Sie können seinen Lebenslauf so bestimmen, daß von einem menschenwürdig freien Leben nicht mehr die Rede sein kann. Sein Spielraum des Handelns ist so eingeschränkt, daß von einer echten Wahl- und/oder Handlungsfreiheit nicht mehr gesprochen werden kann.

Zustimmung zu Schillers Aussage
Trotz seiner deprimierenden Lage hat er nichts von seiner Freiheit eingebüßt, insofern sie Bestandteil seiner Menschenwürde ist (Freiheit als zum Menschen gehörige Qualität, Entscheidungsfreiheit). (II 8 BE + III 4 BE)

1.4 **"Chance":** Die Gesellschaft schafft erst die verschiedenen Möglichkeiten zum Handeln und macht somit auch Alternativen deutlich.
"Stütze": Durch dieses gesellschaftliche Angebot wird zugleich das individuelle Wollen gerechtfertigt.

Mögliches Beispiel: **Berufswahl**
Jemandem, der in einem relativ engen Lebensbereich aufwächst (Beruf durch traditionelle Vorstellungen in der Familie oder auf dem Land vorgegeben, keine weiterführenden Schulen in der Nähe), können durch gesellschaftliche Institutionen (z. B. Schule, Medien, Arbeitsamt: Bildungswerbung) Alternativen als legitim aufgezeigt und Wege zu ihrer Verwirklichung geboten werden. (I 4 BE + III 8 BE)

2.1 **z. B. Epikur**

Eine von Epikurs Devisen lautet: "Leb im Verborgenen!" Denn um die Seelenruhe zu bewahren, muß man sich auch von politischer Tätigkeit fern halten. Man soll sich also nicht für die Allgemeinheit einsetzen. Vielmehr ist Epikurs Ideal der im privaten Freundeskreis genießende Weise. Darauf ist also "die soziale Dimension" beschränkt. Dabei dient die Freundschaft trotz des Freundeskults bei Epikur auch noch egozentrischen Zwecken, der Steigerung der Lust (Epikur: "Ohne Freundschaft gibt es kein vollkommenes Glück." "Ohne die Gesellschaft eines Freundes zu essen, ist bestialisch."). Nach Epikur hat Freundschaft ihre Wurzeln im Bedürfnis des Menschen nach Hilfe und weist auf seine Unzulänglichkeit hin. Sie ist sozusagen ein nützliches Tauschgeschäft, beruht auf dem gegenseitigen Nutzen.

z. B. Aristoteles

Der Mensch kann nur dann die "Eudaimonia" gewinnen, wenn er auch seiner Bestimmung als "zoon politikon" gerecht wird. Vgl. zur Begründung den Lösungshinweis zu I, 1.3! (I 8 BE)

2.2 Nach Maslow gibt es eine hierarchische Ordnung der menschlichen Bedürfnisse. Religiöse oder pseudoreligiöse Gruppen können hier dem einzelnen eine Erfüllung auf den verschiedenen Stufen bieten und damit Glücks*erwartungen* erfüllen. So können zunächst einmal Sicherheits- und Schutzbedürfnisse befriedigt werden. Wichtiger dürften jedoch angesichts der Vereinzelung und der Verunsicherung des einzelnen wie auch der Tatsache, daß die einst sinnstiftenden Institutionen ihren Einfluß weitgehend eingebüßt haben, die sozialen Bedürfnisse (Liebe, Freundschaft, Gruppenzugehörigkeit), die Ego-Needs (Selbstachtung, Anerkennung, Geltung) und schließlich die Angebote dieser Gruppen an Lebenssinn sein. So sind vor allem das Gemeinschaftserlebnis, das Eingebundensein, das Mitmachen- und Dienen-Dürfen und die daraus resultierende Steigerung des Selbstwertgefühls die wichtigsten Motive, sich solchen Gruppen anzuschließen. Auch die von ihnen gebotene Antwort auf die Sinnfrage und die damit verbundene Transzendenzerfahrung spielen eine wesentliche Rolle. (II 8 BE)

2.3 Der Begriff "Lebensqualität" verdankt seine Entstehung der Kritik an der bloßen Steigerung des Lebensstandards (Höhe des materiellen Konsums, des materiellen Wohlstands). Lebensqualität will Lebensumstände gewährleisten, die über die rein materielle Basis hinaus gehen und auch geistige und ästhetische Erlebnisse *ermöglichen.* So gehören dazu z. B. Gemeinschafts- und Bildungseinrichtungen, Umweltschutz usw. Aber auch wenn Lebensqualität mehr als die bloßen Grundbedürfnisse befriedigt, bleibt sie im Bereich der Glücks*voraussetzungen.* Eine höhere Lebensqualität stellt zwar weitere Aktionsfelder für Selbstverwirklichung und Kommunikation bereit, ist sozusagen ein größeres Angebot, aber ob und wie der einzelne dies nutzt, bleibt ihm überlassen. Somit kann man also den Begriff "Glück" nicht durch den der "Lebensqualität" ersetzen. Dazu kommt noch, daß ein großer Bereich von Glückserlebnissen nicht an materielle Voraussetzungen gebunden ist (vgl. Frankls "Wille zum Sinn"). (III 6 BE)

Grundkurs Ethik: Abiturprüfungsaufgaben 1988
Aufgabe III – Schwerpunktthema: "Recht und Gerechtigkeit"

Text:

Recht ist mehr als Ordnung, Sicherheit und Regelungsmechanismus. Die Verfasser des Grundgesetzes waren sich dessen voll bewußt. Der Parlamentarische Rat hat sich für die Bundesrepublik Deutschland zugunsten einer rechtlichen Wertordnung entschieden. Das war ein großer Schritt. Mit ihm sollte die Lehre nicht nur aus der nationalsozialistischen Unrechtszeit gezogen werden, sondern mehr noch aus Fehlern der Weimarer Republik. Der fürchterliche Absturz des Rechtsstaates nach 1933 hatte auch damit zu tun, daß zu viele Juristen in der Zeit davor sich ihrer Mitverantwortung für die grundlegenden Fragen der Ethik zuwenig bewußt gezeigt hatten. Das Grundgesetz zog daraus eine klare und mutige Konsequenz. (...)

Das Recht kann das sittlich-geistige Bewußtsein des Bürgers stärken, nicht aber es schaffen. Das Recht kann zum Konsens beitragen, nicht ihn ersetzen. Unsere Verfassung bekennt sich zu Werten, die wir nicht verletzen dürfen, obwohl wir ihren Inhalt rechtlich konkret kaum erfassen können. Mit Bravour und mit weiser Vorsicht zugleich beschreibt es der Artikel 1, Satz 1 der Verfassung: "Die Würde des Menschen ist unantastbar." Sie ist die Grundlage für das Zusammenleben freier und verantwortlicher Menschen. Sie ist ein großer und umfassender, indessen auch ein offener Begriff. Wir dürfen die Würde nicht antasten. Wer aber kann ihre Substanz positiv festlegen?

Gerechtigkeit: Was ist gerecht? Wissen wir Juristen es? Geht es uns anders und besser als Theologen, Philosophen oder Gesellschaftswissenschaftlern, denen auch nur Annäherungen möglich sind? Das Bundesverfassungsgericht gibt nicht vor, die Antwort zu wissen. Es sagt, was im konkreten Fall nicht mehr als gerecht anzusehen ist, aber nicht, worin Gerechtigkeit inhaltlich besteht.

Den verantwortlichen Juristen kennzeichnet die Erfahrung vom begrenzten menschlichen Vermögen bei der ständigen Suche nach Wahrheit. Skepsis und Bescheidenheit hindern ihn nicht, sondern ermöglichen ihm gewissenhafte Entscheidungen in seinen Ämtern. Sie geben seinen Beiträgen, welche die Gesellschaft auf ihrer Suche nach tragfähigen Maximen zum Verständnis ihrer Zeit von ihm erwartet, Glaubwürdigkeit und Gewicht. Er weiß, daß das ganze Leben vom Recht betroffen ist, aber auch, daß es andere Werte und Quellen gibt, von denen der Mensch lebt.

(Weizsäcker, R. von, Vom tieferen Sinn und Ziel des Rechtes. Rede vor dem 56. Deutschen Juristentag 1986. In: SZ vom 16. Sept. 1986. Zum Zweck der Prüfung gekürzt und bearbeitet.)

BE

1.1 Erläutern Sie, inwiefern die Aussagen des Autors in Z. 1-9 durch den Gegensatz zwischen Naturrecht und positivem Recht geprägt sind! (8)

1.2 Der Autor spricht grundsätzlich vom "Sinn und Ziel des Rechtes". Damit ist auch der Bereich des Strafrechts angesprochen. Hier gibt es verschiedene Theorien von Sinn und Ziel staatlichen Strafens. Erläutern Sie an *zwei* gegensätzlichen Theorien, welches Ziel die Strafe jeweils verfolgt, *und* zeigen Sie darüber hinaus, inwiefern der heutige Strafvollzug durch die Mischung verschiedener Straftheorien begründet ist! (14)

1.3 Erläutern Sie an *je einem* konkreten Beispiel, wie das Recht das sittlich-geistige Bewußtsein des Bürgers zwar
– stärken,
– nicht aber es schaffen kann (Z. 10 f.)! (8)

1.4 Trotz der Schwierigkeit, Gerechtigkeit gültig zu definieren, gab es immer wieder Versuche, sie inhaltlich zu bestimmen. Stellen Sie *eine* solche Gerechtigkeitskonzeption vor, *und* veranschaulichen Sie an *einem* Beispiel, worin ihre Problematik liegt! (8)

1.5 Es gibt eine Entwicklung dahin, Streitfragen in zunehmendem Maße vor Gericht klären zu lassen. Stellen Sie dar, welche Vorteile mit dieser Praxis verbunden sind, *und* zeigen Sie, welche Nachteile sich ergeben! Vergleichen Sie hierzu auch den letzten Satz in Richard von Weizsäckers Text! (6)

Ergänzungsthema: "Freiheit und Determination"

2.1 Viele Fachleute, die sich mit Kriminalität befassen, gehen davon aus, daß jeder Mensch ein potentieller Straftäter ist. Zeigen Sie anhand *einer* tiefenpsychologischen Theorie, warum doch nur relativ wenige Menschen tatsächlich straffällig werden! (8)

2.2 "Freiheit" und "Freizeit" bedeuten für viele Menschen dasselbe. Erklären Sie, welches Verständnis von "Freiheit" sich in dieser Gleichsetzung ausdrückt, *und* welche Problematik mit dieser Gleichsetzung verbunden ist! (8)

Lösungshinweise

1.1 Die Naturrechtslehre geht von einer überzeitlich gültigen, von jeder menschlichen Rechtssetzung unabhängigen Wertordnung aus. Diese steht gleichsam über dem positiven Gesetz und legitimiert es. Dem gegenüber ist für den Rechtspositivismus das positive Recht gültig, wenn es nur verfahrensmäßig korrekt zustande gekommen ist. Einer moralischen Begründung durch eine überzeitlich gültige Wertordnung oder eines Hinterfragens, ob das positive Recht einer solchen entspricht, bedarf es nicht. Das positive Recht ist ein sozialer Regelmechanismus und hat vorrangig Rechtssicherheit zu gewährleisten.

Bezug zum Naturrecht:
zugunsten einer vorgegebenen Wertordnung (Z. 3)

Bezug zum positiven Recht:
- "Sicherheit" (Z. 1)
- "Regelmechanismus (Z. 1)
- "Fehler der Weimarer Republik": "Zuviel Juristen [waren] sich ihrer Mitverantwortung für die grundlegenden Fragen der Ethik zuwenig bewußt" (Z. 7 f.), vernachlässigten also als Vertreter der rechtspositivistischen Schule im Vertrauen auf das positive Recht diese Fragen. (II 8 BE)

1.2 **z. B. Vergeltungs- oder Gerechtigkeitstheorie**
Sie ist eine der sogenannten absoluten Straftheorien, nach denen gestraft wird, weil gefehlt wurde *("quia peccatum est")*, und bei denen die Strafe losgelöst vom Erfolg ist *("Poena absoluta est ab effectu")*. Oberstes Ziel ist die Wiederherstellung der durch die Straftat verletzten Ordnung.

z. B. Generalprävention
Sie gehört zu den sogenannten relativen Straftheorien. Bei diesen wird gestraft, damit nicht mehr gefehlt werde *("ne peccetur")*. Die Strafe ist also bezogen auf eine damit beabsichtigte Wirkung, einen Erfolg *("Poena est relativa ad effectum")*. Die Generalprävention will durch Strafandrohung bzw. -vollzug vor künftigen Straftaten abschrekken, sie also verhindern.

z. B. Spezialprävention/(Re-)Sozialisierung
Diese auch zu den relativen Straftheorien gehörende Theorie will den Straftäter in die Gesellschaft eingliedern ("sozialisieren") bzw. wieder eingliedern ("resozialisieren"), indem sie bei Rechtsbrechern deren Disposition und Fähigkeit zu rechtskonformem Verhalten stärkt ("Therapie") und so verhindert, daß sie erneut Straftaten begehen.
Der heutige Strafvollzug ist eine Mischung aus diesen grundsätzlichen Strafzielen, wobei jedoch der Gedanke der Spezialprävention besonders betont wird. Das am 1. Januar 1975 in der Bundesrepublik neu in Kraft getretene Strafrecht wird von dem damaligen Bundesminister der Justiz, Dr. Hans-Jochen Vogel, wie folgt charakterisiert: "Bei der Ausgestaltung der Strafen und Maßregeln soll in Zukunft mehr als bisher darauf geachtet werden, daß sie die soziale Einordnung des Verurteilten nicht stärker als notwendig behindern; wo die Tat auf Störungen in den Beziehungen zwischen dem Täter und der Gemeinschaft beruht, soll die Sanktion dazu beitragen, solche Beziehungen neu aufzubauen oder zu korrigieren. Dies ist es, was wir Resozialisierung nennen. Eine erfolgreiche Resozialisierung ist in solchen Fällen die beste Gewähr dafür, daß der Verurteilte nicht rückfällig wird. Keine andere Form der Verbrechensverhütung ist in gleichem Maße wirksam." (Bulletin des Presse- und Informationsamts der Bundesregierung Nr. 151, S. 1515, vom 13.12.1974)

Man kann den heutigen Strafvollzug aber auch als eine Mischung aus Tat- und Täterstrafrecht bezeichnen:

Tatstrafrecht
Das Maß der Schuld richtet sich nach der Schwere der Tat: tatabhängige Mindeststrafe (Freiheitsentzug); geschlossener Strafvollzug

Täterstrafrecht
Es fragt nach den Determinanten in der Täterpersönlichkeit und in deren Umwelt: Maßnahmen zur (Re-)Sozialisierung durch psychologische/soziale Therapie; offener Strafvollzug, gegebenenfalls Haftersatz durch soziale Dienste im Jugendstrafrecht.
(I 6 BE + 8 BE)

1.3 Sicher kann das sittlich-geistige Bewußtsein des Bürgers gestärkt werden, indem/wenn seine eigenen individuellen Vorstellungen von gut und böse durch die gesamtstaatliche Gesetzgebung/Rechtssprechung bestätigt werden (Rückkoppelungseffekt), z. B. im Umweltbereich (Emission von Schadstoffen) oder in der Straßenverkehrsordnung (Angurtpflicht, Geschwindigkeitsbeschränkung, Alkoholverbot).
Hingegen kann das positive Recht dieses Bewußtseins nicht schaffen, da das Recht nur das äußere, faktische Verhalten vorschreiben und erzwingen kann, nicht jedoch die innere Einstellung, die Gesinnung, sich entsprechend zu verhalten. Eine gesetzlich vorgeschriebene Geschwindigkeitsbegrenzung wird nicht automatisch auch die innere Bereitschaft hervorrufen, sich auch ohne polizeiliche Kontrollen und Sanktionen entsprechend rücksichtsvoll und umsichtig zu verhalten. (III 8 BE)

1.4 **z. B. "Jedem nach seiner Leistung"**
Das Leistungsprinzip ist in unserer Gesellschaft allgemein anerkannt. Dennoch ergeben sich Probleme, wenn man Leistung messen und vergleichen will:
- an der Leistung orientierte Entlohnung eines unter Gesundheitsgefahren arbeitenden Arbeiters im Vergleich zu der eines leitenden Verwaltungsangestellten
- Leistungsbewertung eines unmusikalischen Schülers im Vergleich zu einem musikalisch begabten und vielleicht sogar noch durch das Elternhaus geförderten.

(I 6 + II 2 BE)

1.5 Der letzte Satz des Textes gibt v.a. Hinweise für den zweiten Teil der Frage ("Nachteile"), indem er die Wichtigkeit moralischer Werte allgemein betont.

Vorteile
- Gericht als neutrale, "objektive" Instanz, die über den zwei sich streitenden Parteien steht, dadurch
- Versachlichung des Streitfalls und
- Lösung auf der Ebene des gesellschaftlichen Konsenses

Nachteile
- mögliche Konfliktverschärfung durch den Streit vor dem Gericht und damit
- mögliche Entfremdung zwischen den Beteiligten
- "Verrechtlichung" menschlicher Beziehungen
- Verlust von Kommunikationsfähigkeit
- Aushöhlung von Werten wie Kompromißfähigkeit
- Flucht vor eigenen Problemlösungen und damit
- Förderung einer Untertanenmentalität
- Anspruchshaltung des Bürgers gegenüber den Gerichten (III 6 BE)

2.1 **z. B. Psychoanalyse** (Freud)

Wenn man davon ausgeht, daß das Es nach Freud dem "unerbittlichen Lustprinzip" gehorcht, also nur seine Triebe und damit auch Aggressionen zu befriedigen sucht, so ist zu fragen, wodurch dieses "unerbittliche Lustprinzip" kontrolliert werden kann. Das geschieht zunächst durch das Ich. Es hat die Aufgabe der sogenannten Realitätsprüfung. D.h., es trifft die Entscheidung, ob der Versuch des Es, seine Triebe zu befriedigen, ausgeführt, verschoben oder gar als gefährlich unterdrückt werden soll. Dazu kommt als weitere wichtige Kontrollinstanz das Über-Ich, dessen sich nach Freud die Kultur bedient, um die ihr entgegenstehende Aggression zu hemmen, unschädlich zu machen oder auszuschalten. Es enthält die verinnerlichten Gebote und Verbote der Umwelt. Das Ich hat nun die Aufgabe, so zu handeln, daß die Anforderungen des Es, des Über-Ichs und der Realität miteinander in Einklang gebracht werden. Es kann und hat dazu auch die Fähigkeit, die Triebe und Aggressionen zu neutralisieren, sozial unschädlich zu machen oder sogar in sozial nützliche Kräfte umzuwandeln (Sublimation).

z. B. Individualpsychologie (Adler)

Die Entwicklung des Individuums zu einem Wesen, das die Lebensfragen (Gesellschaft, Arbeit, Liebe) befriedigend lösen kann, wird beeinflußt von seiner Stellung in der Geschwisterreihe und kann durch Erziehungsfehler (Vernachlässigung, Verzärtelung) be- oder verhindert werden. Die Gefahren, die aus einem daraus entstandenen Minderwertigkeitsgefühl bzw. übersteigertem Machtstreben resultieren, können mit Hilfe des Gemeinschaftsgefühls überwunden werden. (I 6 BE + II 2 BE)

2.3 Wenn viele Menschen Freiheit und Freizeit gleichsetzen, so deshalb, weil sie sich in der Freizeit frei fühlen von Zwängen und Pflichten, also von Fremdbestimmung. Es handelt sich um Freiheit *von,* um Wahl- und Handlungsfreiheit, nicht hingegen um Freiheit *zu,* um Freiheit als Aufgabe, um Willensfreiheit.

Problematik

- Gefahr eines Abgleitens in eine vordergründige, individuelle, hedonistische Vorstellung von Freiheit (Genießen, "Ausleben")
- ohne Rücksicht auf die Allgemeinheit (fehlende soziale Dimension des Freiseins)
- oftmals Gefahr einer erneuten Fremdbestimmung in der Freizeit durch die Freizeit"industrie", die Freizeit zur konsumierbaren Ware werden läßt und Bedürfnisse dafür z. T. künstlich hervorruft
- Freiheit als Aufgabe (Freiheit *zu*) umfaßt wesentlich mehr als bloß die Grundlage für Freizeitgestaltung und hat eine moralische Dimension (Antwort auf die ethische Grundfrage: Was soll ich tun?) (II 4 BE + III 4 BE)

Grundkurs Ethik: Abiturprüfungsaufgaben 1988
Aufgabe IV – Schwerpunktthema: "Glück"

Text A:

Mag sein, daß "Existenz ohne Leiden" jahrhundertelang ein Wunschtraum, ein Mythos[1], ein Stück Religion war, heute ist zunächst von der gesellschaftlichen Realität des konsumorientierten Menschentyps innerhalb der industrialisierten Länder zu reden, für den das Vermeiden von Leiden ein undiskutiertes, selbstverständliches und erreichbares Ziel ist.

"Zu den wichtigsten, wenngleich wenig beachteten Qualitäten unserer Zivilisation gehört die völlige Abkehr vom Glauben an den Wert des Leidens." Leszek Kolakowski[2] beschreibt mit diesen Worten unsere Welt als "Kultur der Analgetika"[3], er spricht von der "panischen Flucht vor dem Leiden".

Leidenslosigkeit und der Wunsch, leidfrei durchs Leben zu gehen, sind ein Kennzeichen der dominanten Kultur der ersten Welt[4].

Leiden erscheint objektiv als aufhebbar; wie ein Fossil aus vergangenen Zeiten ragt es in unsere Welt.

(Sölle, D., Sympathie. Theologisch-politische Traktate, Stuttgart 1978, S. 32. Zum Zweck der Prüfung gekürzt und bearbeitet.)

Text B:

Die panische Flucht vor dem Leiden scheint dabei verheerender im Bereich der zwischenmenschlichen Beziehungen und des psychischen Lebens als im Bereich der physischen Beschwerden. Wenn ich sage, daß wir in einer Kultur der Analgetika leben, so denke ich vor allem an die Einrichtungen der Zivilisation, an die Formen der Sittlichkeit und Modi des Zusammenlebens, dank derer wir die Quelle des Leidens vor uns tarnen können, ohne den Versuch zu unternehmen, sie zu beseitigen oder sich ihnen zu widersetzen. (...)

Die unbewältigten, lediglich narkotisierten Leiden, die verworfenen, weil schmerzankündigenden Werte, das ohne Anstrengung und Konflikte erreichte Zusammenleben, erzeugen eine menschliche Scheingemeinschaft, die an der geringsten Belastung zerbricht.

(Kolakowski, L., Die Gegenwärtigkeit des Mythos, München, [3]1984, S. 116 f. Zum Zweck der Prüfung gekürzt und bearbeitet.)

[1] bildhafte Antwort mit selbstverständlicher Gültigkeit auf eine anders nicht begreif- und lösbare Frage, z. B.: biblische Schöpfungsgeschichte als Antwort auf die Frage nach der Entstehnung der Welt

[2] polnischer gesellschaftskritischer Philosoph und Publizist (geb. 1927)

[3] Analgetika: Stoffe, die Schmerzen herabsetzen oder aufheben; sie beeinflussen meist gleichzeitig auch andere Funktionen des Zentralnervensystems (z. B.: Hervorrufung von euphorischen Zuständen)

[4] politisches Schlagwort zur Bezeichnung der westlichen Industrienationen im Gegensatz zur kommunistischen Staatenwelt und zur "Dritten Welt"

BE

1.1 Die Menschheit hat sich immer schon bildhafte Vorstellungen von einer "Existenz ohne Leiden" gemacht. Nennen *und* erläutern Sie *zwei* dieser Vorstellungen aus Mythos, Religion oder aus Wunschträumen (z. B. in der Literatur)! (6)

1.2 Die Herstellung von "Leidenslosigkeit" ist ein altes Problem philosophischen Denkens. Weisen Sie diese Behauptung nach, *entweder* anhand einer antiken Glückslehre, *oder* des Utilitarismus, *oder* einer Sozialutopie! (10)

1.3 Erläutern Sie anhand *eines* konkreten Beispiels aus dem Bereich der Medizin, daß die Verminderung von Leid das Glück vermehren kann, *und* stellen Sie dar, um welche Art von Glück es sich dabei handelt! (8)

1.4 Andererseits sieht z. B. L. Kolakowski die Möglichkeit der Leidensvermeidung durchaus kritisch: "Kultur der Analgetika" (Text B, Z. 3). Zeigen Sie die Problematik einer solchen "panischen Flucht vor dem Leiden" (Text B, Z. 1)! (6)

1.5 Alkohol und Drogen sind nicht der einzige Weg für junge Menschen von heute, um dem Leiden zu entfliehen. Zeigen Sie, daß es auch andere Wege aus der als unangenehm oder schmerzhaft empfundenen Realität gibt, von denen man sich Glück erhofft. Stellen Sie knapp *zwei* Beispiele dar! (6)

1.6 Wenn es einerseits fast einen Anspruch auf Leidenslosigkeit gibt, wie läßt es sich dann andererseits begründen, daß in bestimmten Situationen Menschen bewußt Leid zugefügt werden muß, z. B. durch Richter oder Erzieher? (6)

Ergänzungsthema: "Grundfragen philosophischer Ethik"

2.1 "Wie ihr es immer dreht und wie ihr's immer schiebt
Erst kommt das Fressen, dann kommt die Moral."

(Bertolt Brecht, Dreigroschenoper, 1928)

Erläutern Sie, wie Brecht die Beziehung zwischen Bedürfnisbefriedigung und Moral sieht, *und* formulieren Sie anhand *eines* Beispiels eine Gegenposition zu dieser Haltung! (10)

2.2 Vielen Menschen genügen ihre subjektiven *Moralvorstellungen* eines Tages nicht mehr. Für sie können die Aussagen der einzelnen Philosophen – auch solcher der Vergangenheit – zur *Ethik* nützlich sein.
Erläutern Sie, gegebenenfalls aufgrund Ihrer eigenen Erfahrungen, was philosophische Ethik für den einzelnen Menschen leisten kann! (8)

Lösungshinweise

1.1 **Mythos, Religion**

Elysium: bei den Griechen das Land der Seligen am Westrand der Welt, wohin die Lieblinge der Götter (später auch die Frommen und Gerechten nach ihrem Tod) entrückt werden, um ohne Sorgen in Überfluß und ewigem Frühling zu leben.

Paradiesvorstellungen (Paradies: altpersisch "Garten"):
z. B. christlich: entweder der *Garten Eden,* in dem Adam und Eva ihr Glück genossen, ein Leben ohne Schmerzen, Kummer und Schweiß lebten, oder der *endzeitliche Glückszustand im Himmel,* dem Wohnsitz Gottes, in dem nach Augustinus keine Not mehr sein wird, sondern nur "volles, reines, ewiges Glück", wo der "ewige Sabbat" herrschen wird.

z. B. der *islamische Himmel* als Belohnung der Gläubigen, der als eine Art Schlaraffenland mit Luxus und Überfluß gekennzeichnet wird, wie z. B. in Sure 56: In Gärten voll sprudelnden Wassers werden die Frommen auf mit Gold und Edelsteinen verzierten Kissen ruhen und von schönen Jünglingen bedient werden, können Wein trinken, ohne berauscht zu werden, und werden Jungfrauen "mit großen schwarzen Augen" als Lohn ihres Tuns bekommen.

Wunschträume
Schlaraffenland: märchenhaftes Land, in dem es kein Leid und keine Mühen gibt und Überfluß an all dem herrscht, woran es auf Erden mangelt: Milch und Honig fließen, gebratene Tauben fliegen den Trägen gleich in den Mund, Bratwürste wachsen auf den Zäunen, Faulheit gilt als höchste Tugend, Fleiß als Laster. (I 6 BE)

1.2 **z. B. Stoa**
Das Prinzip der Stoa könnte umschrieben werden mit der Devise: "Durch Apathie zur Ataraxie". Mit Hilfe der Vernunft soll der Mensch zur richtigen Einsicht gelangen, daß die Naturnotwendigkeiten doch nicht zu ändern sind. Dadurch wird man frei von Furcht vor dem Schicksal und wird sich gleichmütig in das Unabänderliche fügen. Die Vernunft lehrt ebenfalls, daß Sinnenlust nicht beständig ist und man deshalb auch unabhängig von ihr sein Leben führen soll, um nicht enttäuscht zu werden. Durch die Unabhängigkeit von (Sinnen-)Lust und Schmerz sowie ein tugendhaftes Leben in Einklang mit der Natur gewinnt man die Seelenruhe und Unabhängigkeit von den Unbilden des Lebens und damit Freiheit. Seneca faßt dies zusammen in dem Satz: "Glücklich kann derjenige genannt werden, der, von der Vernunft geleitet, nichts mehr wünscht und nichts mehr fürchtet."

z. B. Utilitarismus
Durch die Verwirklichung des Prinzips des "größten Glücks der größten Zahl" wird so viel Leid vermieden wie nur möglich. Allerdings wird dem einzelnen oder einer kleineren Gruppe auch Leid oder Verzicht auf Glück zugemutet, wenn dadurch "das Glück der größten Zahl" gefördert werden kann.

z. B. Sozialutopien
Wenn man eine der berühmten Sozialutopien zur Beantwortung auswählt (Morus: "Utopia", Campanella: "Der Sonnenstaat"), wird je nach dem im Unterricht behandelten Schwerpunkt herauszuarbeiten sein, wie durch Gemeinbesitz, allgemeine Bildung, Abschaffung des Geldes, allgemeine Arbeitspflicht, Sorge für Alte und Kranke, hygienische Maßnahmen, Handhabung des Krieges, des Rechts usw. versucht wird, ein leidfreies und glückliches Leben zu schaffen. (I 10 BE)

1.3 **Leidverminderung schafft Voraussetzung zur Glücksmehrung**
chemisch-pharmazeutische und technische Möglichkeiten zur Schmerzbekämpfung

Spezifische Art von Glück
zunächst ganz konkret die Entlastung von physischen Schmerzen und psychischem Druck, ferner Hoffnung auf Heilung bzw. Herbeiführen eines Zustandes, der lebenswert ist

Beispiele bieten sich von selbst an: von der Beseitigung von Kopfschmerzen bis zur lebensrettenden Operation oder einer künstlichen Befruchtung/Leihmutterschaft, um eine als schmerzhaft empfundene Kinderlosigkeit zu beheben. (I 2 BE + II 6 BE)

1.4 Der offizielle Erwartungshorizont bietet die folgende Lösung an, für die 6 BE im Vergleich zu Frage 1.1 etwas wenig erscheinen. Man darf also vom Prüfling nicht erwarten, daß seine Antwort alle Aspekte des Erwartungshorizonts gleichermaßen abdeckt.

Problematik der "Flucht vor dem Leiden"

- unangenehme Gefühle, Schmerz, Leiden werden von vielen nicht (mehr) als *selbstverständlich* zum Leben gehörig empfunden;
- es entsteht eine Art *Anspruchsdenken,* leidfrei zu leben, und eine Auseinandersetzung mit einer Leiderfahrung wird vermieden;
- wenn leidvolle oder unangenehme Situationen zu erwarten oder schon gegeben sind, versucht man, ihnen zu entfliehen und sie letztlich zu verdrängen, anstatt sie innerpersonal zu verarbeiten, was eine Lösung des gegebenenfalls zugrundeliegenden Problems eher möglich machte;
- letztlich flieht man damit vor sich selber und weicht auch seiner Verantwortung gegenüber der Gesellschaft aus.

Insgesamt liegt hier eine Haltung vor, die zu einem circulus vitiosus gehört: Geringe/fehlende Stärke der Person führt zu Vermeidungs- und Fluchtverhalten, da man sich den Belastungen nicht gewachsen fühlt. Damit entzieht man sich aber gerade den Erfahrungen, die, wenn durchgestanden, zur Stärkung der Persönlichkeit und zur Solidarität mit Leidensgenossen beitragen können (Realisation personaler und sozialer Werte). (III 6 B)

1.5 z. B.

- Gemeinschaftserlebnis mit Stärkung des Selbstwertgefühls im Kontrast zu der Vereinzelung im Alltagsleben (religiöse Gruppen/Sekten, politische Fanatiker, Fans)
- Rückzug in die eigene Gefühlswelt, meist unterstützt durch intensive Musikberieselung, um der als bedrückend und unangenehme empfundenen Alltagswelt zu entfliehen
- Flucht in den Geschwindigkeitsrausch und in Omnipotenzphantasien (II 6 BE)

1.6 Strafe ist bewußt zugefügtes Leid durch Erzieher und Richter

- zur Ermöglichung von Sühne/Vergeltung für begangenes Unrecht
- um eines zukünftigen Glückes willen oder zur Vermeidung zukünftigen noch größeren Leids
- bei fehlender Verhaltensalternative für den Richter oder Erzieher: Leidzufügung als ultima ratio. (III 6 BE)

2.1 Nach Brecht sind zunächst die materiellen oder biologischen Grundbedürfnisse vorrangig und damit zuerst zu befriedigen. Erst danach werden die höheren Bedürfnisse und der Bereich der Werte (in der marxistischen Terminologie der "Überbau") wichtig und in Betracht gezogen. Diese Position ähnelt der Maslows mit seiner Bedürfnispyramide.

Mögliche Gegenposition
Hier ist v. a. an Frankl zu erinnern, der gegen Maslows These, daß die Befriedigung der niederen Bedürfnisse die Bedingung sei, unter der allein die höheren befriedigt werden können, darauf hinweist, daß "das Bedürfnis und die Frage nach dem Lebenssinn gerade dann aufflammen, wenn es einem am dreckigsten geht".

Beispiele:
Gerade in Zeiten extremer materieller Not treten moralische Werte (Solidarität, Hilfsbereitschaft, Rückbesinnung auf Fragen nach dem Lebenssinn usw.) wieder in den Vordergrund. So nehmen z. B. afrikanische Länder, die selbst unter extremer Armut leiden, Flüchtlinge aus Nachbarländern auf und teilen das Wenige, das sie haben, und beschämen so die reichen Industrienationen. So ist z. B. in Malawi, einem der ärmsten Länder der Welt, schon jetzt jeder Zehnte ein Flüchtling aus dem vom Bürgerkrieg heimgesuchten Mosambik.
Auch Gescheiterte und in äußerster Armut Lebende (z. B. Stadtstreicher) erheben, obwohl sie am Existenzminimum leben, den Anspruch auf Achtung ihrer Menschenwürde. (II 4 BE + III 6 BE)

2.2 G. Patzig formuliert dazu in seinem Aufsatz "Die Begründbarkeit moralischer Forderungen" (in: G. Patzig, Ethik ohne Metaphysik, Göttingen, 1971, Kleine Vandenhoeck-Reihe 326 S, S. 34): "Philosophische Prinzipien können dem einzelnen die verantwortliche Entscheidung nicht abnehmen, der Gesellschaft Krisen nicht ersparen. Aber sie können größere Klarheit in die Sache bringen, das Wichtige vom Unwesentlichen trennen, die Grundsätze formulieren helfen, um die es geht. Das erleichtert auch in der Praxis die sittliche Entscheidung."

Auf Stichpunkte gebracht heißt das also:

- Trennung des Wichtigen vom Unwichtigen
- Hilfe beim Durchschauen von moralischen Problemen und dem Erkennen der Konsequenzen
- Hilfe beim Formulieren der Grundsätze
- damit Erleichterung der persönlichen sittlichen Entscheidung, die zum richtigen Handeln führt.

Nach dem Erwartungshorizont ist das Einbringen eines zutreffenden Beispiels aus dem eigenen Erfahrungsbereich angemessen zu honorieren. (II 8 BE)

Grundkurs Ethik: Abiturprüfungsaufgaben 1989
Aufgabe I – Schwerpunktthema: "Grundfragen philosophischer Ethik"

Text:

Manchmal legt Kant es geradezu darauf an, die natürlichen Quellen der Sittlichkeit zu verstopfen. So zum Beispiel will er das unmittelbare Mitleid nicht als ethisch angesehen haben. Das innerliche Miterleben des Leidens eines anderen soll nicht als Pflicht im wirklichen Sinne des Wortes gelten dürfen (...). Alles Helfen muß aus der prinzipiellen Überlegung über die Pflicht, zu anderer Menschen Glückseligkeit beizutragen, hervorgehen. (...)

Kant betont ausdrücklich, daß die Ethik es nur mit Pflichten der Menschen gegen Menschen zu tun habe. (...) So gilt es dem europäischen Denken als ein Dogma, daß die Ethik es eigentlich nur mit dem Verhalten des Menschen zum Menschen und zur Gesellschaft zu tun habe. (...)

Wahre Philosophie muß von der unmittelbarsten und umfassendsten Tatsache des Bewußtseins ausgehen. Diese lautet: "Ich bin Leben, das leben will, inmitten von Leben, das leben will." Dies ist nicht ein ausgeklügelter Satz. Tag für Tag, Stunde für Stunde wandle ich in ihm. In jedem Augenblick der Besinnung steht er neu vor mir. (...)

Ethik besteht also darin, daß ich die Nötigung erlebe, allem Willen zum Leben die gleiche Ehrfurcht vor dem Leben entgegenzubringen wie dem eigenen. Damit ist das denknotwendige Grundprinzip des Sittlichen gegeben. Gut ist, Leben erhalten und Leben fördern; böse ist, Leben vernichten und Leben hemmen. Tatsächlich läßt sich alles, was in der gewöhnlichen ethischen Bewertung des Verhaltens zueinander als gut gilt, zurückführen auf materielle und geistige Erhaltung oder Förderung von Menschenleben und auf das Bestreben, es auf seinen höchsten Wert zu bringen. (...)

Wahrhaft ethisch ist der Mensch nur, wenn er der Nötigung gehorcht, allem Leben, dem er beistehen kann, zu helfen, und sich scheut, irgend etwas Lebendigem Schaden zu tun. Er fragt nicht, inwiefern dieses oder jenes Leben als wertvoll Anteilnahme verdient, und auch nicht, ob und inwieweit es noch empfindungsfähig ist. Das Leben als solches ist ihm heilig. Er reißt kein Blatt vom Baume ab, bricht keine Blume und hat acht, daß er kein Insekt zertritt. (...)

Ethik ist ins Grenzenlose erweiterte Verantwortung gegen alles, was lebt.

(Schweitzer, A., Ehrfurcht vor dem Leben. Zu einer Ethik der grenzenlosen Verantwortung für das Leben. In: Reader zum Funkkolleg Praktische Philosophie/Ethik 1, Frankfurt a. M., Fischer, 1980, S. 224-227. Zum Zweck der Prüfung gekürzt und bearbeitet.)

BE

1.1 Arbeiten Sie mit eigenen Worten knapp heraus, worin der Verfasser die wesentlichen Unterschiede zwischen seiner Position und der Kants sieht! (6)

1.2 Diskutieren Sie an *einem* der folgenden Beispiele, inwieweit das ethische Prinzip der Ehrfurcht vor dem Leben Hilfen für die Bewältigung der in diesem Beispiel angesprochenen Problematik bietet!
- Euthanasie,
- Abtreibung,
- Hunger in der Dritten Welt und Bevölkerungswachstum,
- Weltfriede. (12)

1.3 Diskutieren Sie am Beispiel des Umgangs mit Pflanzen *oder* Tieren die Anwendbarkeit einer "ins Grenzenlose erweiterte(n) Verantwortung für alles, was lebt" (Z. 28)! (10)

1.4 Der Autor spricht in seinem Text von der "Nötigung" (Z. 15 und Z. 22) zum sittlichen Handeln, die der Mensch erlebe. Damit ist *eine* Motivation für ethisches Handeln angesprochen.
Zeigen Sie am Beispiel eines im Unterricht behandelten philosophisch begründeten ethischen Entwurfs, was dort als Motivation des ethischen Handels gilt! (8)

Ergänzungsthema: "Freiheit und Determination"

2.1 Müßte die Forderung des Autors, daß jedes "Leben als wertvoll Anteilnahme verdient" (Z. 24), Folgen für die biologische Forschung haben?
Erläutern Sie Ihre Antwort an einem selbstgewählten Beispiel! (12)

2.2 Im philosophischen und religiösen Bereich spielt seit altersher die Vorstellung der schicksalhaften Vorherbestimmung des menschlichen Lebens eine wichtige Rolle.
Erläutern Sie an *einer* dieser Vorstellungen, in welcher Weise menschliches Leben als vorherbestimmt gesehen wird oder wurde, *und* inwieweit dem Menschen ein Rest an personaler Freiheit bleibt! (12)

Lösungshinweise

1.1 **Kant:** Rationales Überlegen, d. h. ein gedanklich erarbeitetes Prinzip (Z. 4 f.), führt zu sittlichem Handeln; Kants Ethik kennt nur Pflichten zwischen Menschen (Z. 7-10).

Schweitzer: Eine naturgegebene Ethik (z. B. Z. 1: "natürliche Quellen") realisiert sich in unmittelbarem Erleben und Mitfühlen (Z. 2-4) mit der gesamten Schöpfung (z. B. Z. 23: " irgend etwas Lebendigem"). (II 6 BE)

1.2 Wenn man das ethische Prinzip "Ehrfurcht vor dem Leben" konsequent und kompromißlos auf die vorgegebenen Problembereiche anwenden will, so zeigt sich, daß dies nicht widerspruchsfrei möglich ist. Schweitzers Prinzip ist kein Patentrezept zur Lösung dieser Probleme. Je nach Fall muß vielmehr aufgrund weiterer, z. T. konkurrierender Prinzipien situationsbezogen differenziert werden. Es handelt sich also hier um Wertkonflikte oder Pflichtkollisionen. Darunter versteht man, daß in einer Situation gleichzeitig verschiedene moralische Werte oder Pflichten ihre Verwirklichung einfordern, sich aber entweder grundsätzlich oder für den Moment der Handlung gegenseitig ausschließen - und dies, obwohl jeder Wert/jede Pflicht für sich allein als verpflichtend angesehen werden kann. Man kann also in der bestimmten Situation nicht alle betroffenen Werte verwirklichen, da sie sich gleichsam gegenseitig im Wege stehen. Man muß notgedrungen in einer sittlichen Entscheidung einen Wert dem anderen vorziehen und differenzieren. Dies soll nach der Aufgabenstellung anhand eines vorgegebenen Problembereiches veranschaulicht werden.

Euthanasie

Schweitzer sagt von einem Menschen, der "wahrhaft ethisch ist" (Z. 23): "Er fragt nicht, inwiefern dieses oder jenes Leben als wertvoll Anteilnahme verdient, und auch nicht, ob und inwieweit es noch empfindungsfähig ist. Das Leben als solches ist ihm heilig" (Z. 24-26). D. h., ein sittlich handelnder Mensch müßte Leben um jeden Preis zu erhalten suchen. Diese Pflicht, Leben zu erhalten, steht aber gegen den Anspruch auf ein menschenwürdiges und nicht unnötig die Schmerzen verlängerndes Sterben. Es stehen sich also im Falle der Euthanasie die moralische Pflicht zur Erhaltung des Lebens und das Recht des einzelnen Menschen auf Leid- und Schmerzvermeidung, eventuell auch auf Selbstbestimmung (Apparatemedizin!) gegenüber. Je nach Situation muß in diesem Wertekonflikt eine moralisch verantwortbare Entscheidung getroffen werden, wobei nicht alle betroffenen Werte gleichzeitig verwirklicht werden können. Es zeigt sich also, daß das ethische Prinzip der "Ehrfurcht vor dem Leben" nicht unbedingte Gültigkeit beanspruchen kann, in Konkurrenz zu anderen Werten tritt und eventuell gegenüber diesen zurücktreten muß, wenn man dem Prinzip der Leidminderung den Vorrang gibt. Man wird Leben also nicht um jeden Preis erhalten.

Abtreibung

Hier steht die Ehrfurcht vor dem ungeborenen Leben von Anfang an sowie dessen Schutz gegen Ansprüche der Mutter je nach Indikation. Dies macht auch die Regelung des Schwangerschaftsabbruchs in der Bundesrepublik deutlich.

Nach dem Urteil des Ersten Senats des Bundesverfassungsgerichts vom 25.2.1975 steht das sich im Mutterleib entwickelnde Leben als selbständiges Rechtsgut unter dem Schutz der Verfassung und verpflichtet den Staat zu seinem Schutz und zu seiner Förderung, auch gegenüber der Mutter. Für die Dauer der Schwangerschaft hat der Lebensschutz der Leibesfrucht Vorrang vor dem Selbstbestimmungsrecht der Frau. Insoweit also pflichtet der Gesetzgeber Schweitzers Prinzip der "Ehrfurcht vor dem Leben" voll bei. Doch wird dieses nicht absolut gesetzt. Vielmehr werden legitime Ansprüche der Mutter anerkannt, der in bestimmten Situationen eine Fortsetzung der Schwangerschaft nicht zumutbar ist:

Medizinische Indikation:	Die Fortsetzung der Schwangerschaft bedeutet Lebensgefahr oder Gefahr einer schwerwiegenden Beeinträchtigung des körperlichen oder seelischen Gesundheitszustands der Schwangeren.
Ethische Indikation:	Die Schwangerschaft ist Folge einer Vergewaltigung oder eines Mißbrauchs.
Eugenische Indikation:	Es besteht die dringende Gefahr, daß das Kind mit nicht zu behebenden schweren geistigen oder körperlichen Schädigungen geboren wird.
Soziale Indikation:	Die Schwangere würde durch die Geburt in eine besonders schwere Notlage gelangen, die auf andere Weise nicht beseitigt werden kann.

Wie man an dieser Regelung sieht, kommen hier neben der Ehrfurcht vor dem ungeborenen Leben andere Werte ins Spiel und modifizieren dieses Prinzip.

Hunger in der Dritten Welt und Bevölkerungswachstum
Der Zusammenhang zwischen dem Hunger in der Dritten Welt und dem dort sich vollziehenden Bevölkerungswachstum ist allgemein anerkannt. Den Hunger, der oft – direkt oder indirekt – zum Hungertod führt, zu beseitigen, entspräche Schweitzers Prinzip der "Ehrfurcht vor dem Leben". Dazu könnte eine Bevölkerungsplanung beitragen. Diese aber wiederum widerspricht Schweitzers Position; denn "böse ist, Leben vernichten und Leben hemmen" (Z. 17 f.). Auf der anderen Seite könnte man aus Schweitzers Prinzip auch die Forderung ableiten, die Weltnahrungsreserven gerecht zu verteilen und das gegenwärtige wirtschaftlich-soziale Gefälle zwischen den Industriestaaten und der Dritten Welt auszugleichen, was jedoch politisch zur Zeit nicht durchsetzbar erscheint. Forderungen ließen sich allerdings für den privaten Bereich ziehen, indem der einzelne sein Verhalten umstellt (weniger Verbrauch) und dafür sorgt, daß das so Eingesparte der Dritten Welt zur Verfügung gestellt wird. Aber auch damit läßt sich, wie die Erfahrungen zeigen, das angesprochene Problem nicht lösen. Allenfalls eine Erleichterung ist zu erzielen. Bevölkerungsplanung und eine neue Weltwirtschaftsordnung müssen Hand in Hand gehen.
Es zeigt sich also bei diesem sehr komplexen und ins Politische reichende Problem, daß Schweitzers Prinzip keine Lösung bieten kann. Das wird noch deutlicher, wenn man Scheitzers Position zu Ende denkt; denn man könnte das Stillen des Hungers der Hungernden sowie auch der übrigen Menschheit als sittlich nicht gerechtfertigt ansehen, da sie gegen die "ins Grenzenlose erweiterte Verantwortung gegen alles, was lebt" (Z. 28), verstößt, bedingt doch die menschliche Nahrungsaufnahme den "Tod" von Pflanzen und Tieren.

Weltfriede
Aus Schweitzers ethischer Position heraus läßt sich Pazifismus begründen. In einer Welt ohne Gewalt wird "Leben erhalten" (Z. 17). Andererseits gibt es Situationen, in denen auch der Einsatz von (Waffen-)Gewalt zum Schutz von Leben und zur Verteidigung zu rechtfertigen ist. Man braucht sich bloß die Frage vorzulegen, ob sich Hitlers Aggressionen mit Gewalt zu erwehren sittlich ungerechtfertigt war, weil dadurch Leben vernichtet wurde, um zu erkennen, daß auch in diesem Fall Schweitzers Prinzip der "Ehrfurcht vor dem Leben" je nach Situation modifiziert werden muß.

(I 4 BE + III 8 BE)

1.3 Das hier anhand von Beispielen zu behandelnde Problem, wie Schweitzers Position zu beurteilen sei, ist in der ethischen Diskussion schon häufig behandelt worden. Dabei wurden seine Schwachstellen aufgedeckt. Es zeigt sich, daß man "ins Grenzenlose erweiterte Verantwortung gegen alles, was lebt" (Z. 28), nicht als absoluten Grundsatz praktizieren kann.

So kommt Peter Singer in seinem Buch "Praktische Ethik" (Stuttgart 1984 – Aus dem Englischen übersetzt von Jean-Claude Wolf) zu folgender Bewertung: "Es überrascht nicht, daß die außerordentlich weit gefaßte Ehrfurcht vor dem Leben in ihren Verboten nicht absolut sein kann. Schweitzer selbst akzeptiert, daß man eine Form des Lebens vernichtet, um eine andere zu erhalten. Sein Leben als Arzt in Afrika wäre sinnlos gewesen, wenn nicht vorausgesetzt würde, daß der Wert menschlichen Lebens, das er rettete, wertvoller war als das Leben der Bakterien und Parasiten, die er in den Körpern der Menschen vernichtete, gar nicht zu reden von den Pflanzen und vermutlich auch Tieren, die jene Menschen töteten und aßen, nachdem sie Schweitzer behandelt hatte. In der Praxis akzeptierte Schweitzer somit eine Hierarchie von Werten, bei der einige Formen des Lebens vor anderen rangieren." (a. a. 0., S. 127)

Auch Dieter Birnbacher kommt in seinem Beitrag "Sind wir für die Natur verantwortlich?" in dem von ihm herausgegebenen Sammelband "Ökologie und Ethik" (Stuttgart 1980) zu dem Schluß, daß Schweitzers ethische Weltanschauung "als Grundlage einer verallgemeinerungsfähigen Konzeption menschlicher Verantwortung für die Natur ungeeignet" ist. Sie "verstrickt [...] sich in Antinomien, die sich rational nicht auflösen lassen" (a. a. O., S. 129).

Dietrich Böhler folgert in seinem Aufsatz "Entwicklungsprobleme und Entwicklungsschwellen der praktischen Vernunft" in dem "Reader zum Funkkolleg Praktische Philosophie/Ethik" (Frankfurt a. M. 1980): "Strenggenommen dürfen wir [...] nach Albert Schweitzer [...] überhaupt nicht mehr technologisch in die Natur eingreifen. Das aber käme einem Verbot unserer technischen Zivilisation gleich" (a .a. O., S. 150).

Diese Beurteilungen zeigen, daß Schweitzers Prinzip der "ins Grenzenlose erweiterte(n) Verantwortung gegen alles, das lebt" (Z. 28), nicht zu kompromißlosem Schutz von allem, was lebt, führen darf, außer man wäre ein Anhänger des Dschainismus, einer indischen Religion, deren oberstes ethisches Prinzip das strenge Verbot der Tötung lebender Wesen ist, so daß es bei ihnen als besonders verdienstvoll gilt, seinem Leben durch Fasten ein Ende zu setzen. Vielmehr muß in der Praxis zwischen dem Schutz menschlichen Lebens bzw. menschlicher Gesundheit und der Verantwortung für "alles, was lebt", abgewogen werden – wie dies die Lebenspraxis Albert Schweitzers ja auch vorführt. So ist es sicher zu verantworten, Schädlinge im Pflanzen- wie auch im Tierreich, z. B. die Heuschreckenplage, Kartoffelkäfer oder die Fiebermücke (Anopheles) zu bekämpfen, um menschliches Leben zu erhalten. Andererseits muß man dem Menschen aber wohl auch eine gewisse Verantwortung für "alles, was lebt", zusprechen, so daß auf Eingriffe, die zur Ausrottung ganzer Arten führen würden, verzichtet werden sollte. Inzwischen haben z. B. die Vereinigten Staaten ein Gesetz verabschiedet, wonach es unter keinen Umständen erlaubt ist, eine Tierart zu vernichten, und die Inbetriebnahme eines Staudammes gerichtlich untersagt, weil dadurch eine bestimmte Fischspezies, die nur an dieser Stelle vorkommt, höchstwahrscheinlich ausgerottet worden wäre.

Insgesamt wird man bei der Beantwortung dieser Frage, die ja eine Diskussion erfordert, auf eine abgewogene Stellungnahme achten müssen, wozu die oben angeführten Argumente helfen können, und sich auf den Bereich des Umgangs mit Pflanzen oder Tieren beschränken. (III 10 BE)

1.4 Die Antwort muß die Fragestellung beachten. Es darf nicht nicht einfach bloß ein philosophisch begründeter ethischer Entwurf ohne den Bezug zur Fragestellung dargestellt werden. Dazu muß man sich zunächst über den Begriff "Motivation" klar werden. Hier ist er offensichtlich im Sinne von Heinz-Horst Schrey verwendet, der in seiner "Einführung in die Ethik" (Darmstadt 1972) "Ethik als Motivationslehre menschlichen Handelns" (a. a. O., S. 9) auffaßt und versucht, die Vielzahl von ethischen Entwürfen im Laufe der Geschichte dadurch zu reduzieren und überblicken zu können, daß er sie unter bestimmten "Motivationen" zusammenfaßt. "Motivation" wurde zunächst "als bewußter Willensvorgang verstanden; unter dem Einfluß des Behaviorismus wurde die Frage nach der Motivation die Frage nach dem Grund des Verhaltens : warum handelt der Mensch, und warum tut er das, was er tut?" (a. a. O., S. 19). Doch dürfte die Frage auch zu beantworten sein, wenn man Schreys Ansatz nicht kennt und von der allgemein üblichen Bedeutung von "Motivationen" ausgeht: "Beweggründe, die das Handeln eines Menschen bestimmen" (Duden).

Als gutes Beispiel zur Beantwortung der Aufgabe bietet sich hier der Eudämonismus des Aristoteles an (bei Schrey: "eudämonistische Motivation").

Der Mensch strebt nach einem geglückten Dasein, nach einem "guten" Leben. Für dieses "Glück" verwendet Aristoteles – wie die griechische Philosophie – den Begriff *"Eudaimonia"*. Diese "Eudaimonia" erfüllt sich für Aristoteles in der "Theoria", der intellektuellen Anschauung, der höchsten Annäherung an die Glückseligkeit.

Ein weiteres Beispiel einer "eudämonistischen Motivation" ist die Stoa: Auch hier ist das "Glück" das oberste Ziel menschlichen Handelns; nur wird es inhaltlich anders bestimmt: Man könnte es auf die Formel bringen: "Durch Apathie zur Ataraxie". In der Erkenntnis der natürlichen Notwendigkeit und dem Sich-Einfügen in das Schicksal erreicht der Mensch Ruhe und Freiheit von den Unbilden des Lebens.

Als drittes Beispiel soll Kants ethisches System als Vertreter der "deontologischen" wie auch der "rationalen Motivation" erläutert werden.

"Deontologisch" (vom griech. "Deon" = Pflicht) nennt man eine Ethik, die das richtige Verhalten des Menschen aus einem als verpflichtend angesehenen Gesetz herleitet. "Rationale Motivation" sittlichen Handelns beinhaltet, daß die Vernunft den Menschen und damit auch die Triebsphäre lenken und das Objekt des sittlichen Handelns bestimmen soll. Man muß zunächst das Gute erkennen, dann kann man es auch tun.

Kant sucht nach einer sicheren und letztbegründbaren Grundlage für das richtige Handeln und findet diese in seinem kategorischen Imperativ. Er grenzt dabei das sittlich richtige Verhalten ab von einem Handeln "aus Neigung". Ebenso erkennt er den äußeren sichtbaren Erfolg nicht als Kriterium des sittlich richtigen Handelns an. Schließlich strebt Kant auch nach Freiheit und Autonomie, d. h., das Individuum soll sich nach Vernunftgrundsätzen die sittlichen Gesetze seines Handelns selbst geben und lehnt Heteronomie ab. (I 6 BE + II 2 BE)

2.1 Forschungen, die auf Beobachtungen beruhen (z. B. in der Verhaltensforschung), wären erlaubt. Auch Untersuchungen an verendeten Tieren wären möglich. Hingegen wären, wenn man Schweitzers Forderung uneingeschränkt anerkennt, Genmanipulationen (z. B. zur Ertragssteigerung bei Pflanzen und Zuchttieren), Tierversuche wie auch die Forschung an Embryonen verboten. Dabei greifen jedoch diese Forschungen in den Bereich der medizinischen und pharmazeuthischen Forschung hinüber. Sie sollen ja letztlich der Erhaltung oder dem Schutz des menschlichen Lebens dienen (Wertkonflikt! Vgl. dazu auch 1.2, 1.3).

Entscheidend für die Bewertung ist, was hierzu im Unterricht behandelt wurde, ob daraus eine sinnvolle Auswahl getroffen ist, ob die zentralen Begriffe korrekt verwendet sind und ob die Darstellung geordnet und zusammenhängend erfolgt.

(I 4 BE + II 8 BE)

2.2 Die Antwort richtet sich nach dem gewählten Beispiel.

z. B. Kismet-Glaube im Islam: Fatalismus
Der Islam geht davon aus, daß Allah das Geschick des Menschen vollständig vorherbestimmt hat. In diese Willensabsichten Allahs kann der Mensch nicht eingreifen. So heißt es in der 17. Sure, 14: "Einem jeden Menschen haben wir sein Geschick bestimmt, und am Tage der Auferstehung werden wir ihm das Buch seiner Handlungen geöffnet vorlegen." Dieselbe Sure fährt fort: "Wir haben noch kein Volk bestraft, bevor wir ihm einen Gesandten geschickt haben." (17. Sure, 16), was darauf hinweist, daß den Menschen auch Verantwortung für ihr Tun und damit Freiheit zugestanden wird. So liegt eine merkwürdige Antinomie vor; denn einerseits ist das Geschick jedes Menschen unabänderlich vorbestimmt, andererseits soll er sich aber nach Belehrungen auch in seinem Verhalten ändern können, muß deshalb über Freiheit und Verantwortung verfügen. Letztendlich hat sich im Islam die Ansicht durchgesetzt, daß Allahs souveräner Wille das Schicksal vorherbestimmt hat. "Kismet" (arab.-türk. "Anteil, zugeteiltes Los") bezeichnet nun im volkstümlichen Islam dieses unabänderliche Schicksal, in das sich der gläubige Moslem willig fügt und aus dem sein Fatalismus entspringt, d. h. eine Lebenseinstellung, die davon ausgeht, daß das vorherbestimmte Geschick nicht durch menschliches Handeln zu beeinflussen ist. So bleibt dem Menschen eigentlich kaum ein Rest an personaler Freiheit. Er glaubt ja nicht daran, durch sein Tun und Handeln etwas ändern zu können, und nimmt alles hin, wie es kommt.

z. B. Prädestinationslehre des Calvinismus
Der Calvinismus geht von einer Prädestination aus, d. h. der Vorherbestimmung des menschlichen Geschicks durch die oberste Souveränität Gottes, daß also die Erwählung des Menschen zur Seligkeit wie seine Verdammung ausschließlich dem persönlichen Willen Gottes entspringt und von menschlichem Handeln unabhängig ist (vgl. hierzu Calvin, Institutio III, c. 21: "Nicht alle nämlich werden mit derselben Bestimmung erschaffen, sondern den einen wird das ewige Leben, den anderen die ewige Verdammnis vorweggesetzt. Je nach dem Ziel, zu dem der einzelne erschaffen ist, nennen wir ihn zum Leben oder zum Tode vorherbestimmt.").
Die Absichten Gottes sind aber dem Menschen verborgen, niemand kann sagen, wer dereinst verworfen oder auserwählt sein wird. Man glaubte aber einen Weg gefunden zu haben, woran man dies erkennen könnte. Calvins Lehre wurde nämlich so ausgelegt, daß man sich schon in diesem Leben so verhalten müßte, als ob man zu den Auserwählten gehörte. Man sollte sein Leben streng nach Gottes Geboten ausrichten und vor allem auf Luxus, Vergnügen und Genuß verzichten und sein Leben ausschließlich der Arbeit widmen. Am Erfolg, und zwar am zunehmenden Reichtum, könne man dann ablesen, ob Gott nicht doch die Mühen der Arbeit, des streng asketischen Lebenswandels, des Fleißes und der Sparsamkeit belohne. Zwar bezeuge der geschäftliche Erfolg noch nicht die Gewißheit, zu den Auserwählten zu gehören, aber man konnte sich zumindest damit beruhigen, recht gehandelt zu haben, und annehmen, daß die Gnade Gottes auf einem ruhe. Wer hingegen erfolglos blieb, war daran selbst schuld, denn er war nicht fleißig und strebsam genug und bewies damit nur, daß er nicht gottesfürchtig war und die Gnade Gottes nicht auf ihm ruhte.
So führte hier – im Gegensatz zum Islam – die Vorstellung einer Vorherbestimmung des menschlichen Lebens nicht zu Fatalismus, sondern zu einer erhöhten Aktivität, an deren Erfolg der einzelne durch sein Tun entscheidend mitbeteiligt war und von dem er auf seine Vorherbestimmung schließen konnte. (I 4 BE + II 8 BE)

Grundkurs Ethik: Abiturprüfungsaufgaben 1989

Aufgabe II – Schwerpunktthema: "Freiheit und Determination"

Text:

Die Freiheit, die wir verteidigen, ist ein moralisches und ein politisches Gut. Moralisch ist sie eine Forderung an den einzelnen, politisch ist sie ein lebenswichtiger Nutzen für das Ganze.

Freiheit als moralisches Gut ist nicht die Freiheit, die ich für mich in Anspruch nehme, sondern die Freiheit, die ich dem Mitmenschen gewähre. Wenn ich für mich Freiheit in Anspruch nehme, so heißt das, daß ich von meinen Mitmenschen fordere, mir Freiheit zu gewähren. Das darf ich von ihnen fordern, wenn auch ich ihnen Freiheit gewähre, d. h. wenn ich mich mit ihnen gemeinsam unter das Prinzip der Freiheit stelle. Das Prinzip besagt eben, daß wir einander die Freiheit zu gewähren, schärfer, zu garantieren haben.

Warum aber ist es für den einzelnen gut, frei zu sein? Die Antwort scheint zunächst einfach. Freiheit von Zwang, Freiheit, mein Handeln selbst zu bestimmen, ist angenehm. Nimmt aber mein Mitmensch dieselbe Freiheit in Anspruch, die ihm angenehm ist, so geschieht es nur zu leicht, daß er meine Freiheit damit verletzt.

Sollen er und ich frei sein, so müssen wir beide unsere Freiheit beschränken. Die Gesellschaft muß, und darf daher, im Interesse der Freiheit aller die Freiheit jedes einzelnen einschränken. Die reifste Form dieser Einschränkung ist aber die Selbsteinschränkung durch Einsicht: der einzelne erkennt die Regel, der jeder folgen muß, um jedem die Freiheit zu gewähren, und er hält sich freiwillig an die Regel. Das ist der moralische Sinn des Prinzips der Freiheit.

Erst hier liegt die wahre Antwort auf die Frage, warum es für den Menschen gut ist, frei zu sein. Es ist für ihn gut, die Reife der Vernunft zu erreichen, in der er das Prinzip der Freiheit freiwillig anerkennt. Auch psychologisch gesehen ist er erst dann frei. Denn Willkürhandlungen, die der unreife Mensch für freie Handlungen hält, stehen in Wirklichkeit unter seelischen Zwängen, die er nicht durchschaut. Frei zu sein heißt insbesondere, Distanz von sich selbst zu haben. Vernunft macht Freiheit möglich.

Freiheit als politisches Gut ist eine Gesellschaftsordnung, die das Prinzip der Freiheit anerkennt und durchsetzt. Sie bringt einen lebenswichtigen Nutzen für das Ganze. Denn sie erleichtert es dem einzelnen, vernünftig zu sein. Sie gestattet ihm, seinen Beitrag zum Wohl des Ganzen mit Verstand und gutem Willen zu liefern. Sie ermöglicht die in schwierigen Fragen unerläßliche gemeinsame Wahrheitssuche durch freie Diskussion. Freiheit macht Vernunft möglich.

(Weizsäcker, C.-F. v., Die Verteidigung der Freiheit, Rede erschienen als Sonderdruck für die Oberstufe von Schulen, München, Südd. Verlag, o. J. Zum Zweck der Prüfung gekürzt.)

BE

1.1 Konkretisieren Sie den abstrakten Gedankengang des Autors in den Zeilen 10-14 anhand eines Beispiels aus dem Erfahrungsbereich "Gemeinschaft"! (10)

1.2 Zeigen Sie, inwiefern die Handlungsfreiheit des einzelnen durch eine soziale Rolle eingeschränkt wird, *und* erläutern Sie, inwiefern sich diese Einschränkung unterscheidet von der, die der Autor mit dem Begriff "Selbsteinschränkung" beschreibt. (10)

1.3 Zeigen Sie, welche Erklärungen die Tiefenpsychologie dafür bereitstellt, daß Menschen die seelischen Zwänge hinter ihren scheinbar freien Willkürhandlungen (Z. 23 f.) nicht erkennen. (8)

1.4 Der Autor stellt fest, daß Freiheit von der demokratischen Gesellschaft durchgesetzt, garantiert und verteidigt werden muß. Zeigen Sie an einem Beispiel, daß Ideologien zu dieser Forderung in Widerspruch stehen! (8)

Ergänzungsthema: "Glück"

2.1 Der russische Schriftsteller F. M. Dostojewskij (1821-1881) läßt eine seiner Romanfiguren folgendes zum Zusammenhang von Freiheit und Glück sagen:
"Ich sage Dir, der Mensch kennt keine quälendere Sorge als die, einen zu finden, dem er möglichst schnell jenes Geschenk der Freiheit, mit dem er als unglückliches Geschöpf geboren wird, übergeben kann. (...) Und die Menschen freuten sich, daß sie wieder wie eine Herde geführt wurden, und daß von ihren Herzen endlich das ihnen so furchtbare Geschenk, das ihnen soviel Qual gebracht hatte, genommen wurde."

(F. M. Dostojewskij, Die Brüder Karamasov, 1880, 5. Buch, Kap. V.)

Erklären Sie, weshalb Menschen ihre Freiheit als "Qual" empfinden können und Unfreiheit als Glück. Benutzen Sie für Ihre Erläuterungen ein konkretes Beispiel! (6)

2.2 Stellen Sie dar, welche Rolle die Vernunft in *einer* antiken Glücksphilosophie spielt! (6)

2.3 Kleingruppen heben sich immer wieder durch Denkungsart und Verhalten von der Gesellschaft ab und verstehen sich als Eliten.
Erläutern Sie anhand eines Beispiels, inwiefern Mitglieder einer solchen Gruppe diese Situation als Glück erleben können, *und* prüfen Sie diese Glückserfahrung kritisch! (12)

Lösungshinweise

1.1 Mögliches Beispiel (nach Erwartungshorizont)
Wenn in einer Ehe jeder Partner die Gestaltung der gemeinsamen Freizeit allein nach seinen eigenen Vorstellungen zu bestimmen versucht, "verletzt" er die Freiheit des anderen dadurch, daß er sein eigenes Wollen mit dem gemeinschaftlichen gleichsetzt. Die Gemeinschaft, auch die von nur zwei Personen, ist also darauf angewiesen, daß die Betroffenen ihren Anspruch auf individuelle Freiheit beschränken. (II 4 BE + III 6 BE)

1.2 Unter "sozialer Rolle" versteht man die Summe der Erwartungen und Ansprüche der Gesellschaft/Gruppe an einen Handlungsträger. Ihnen kann er sich in der Regel nicht ungestraft entziehen, d. h., die Gesellschaft/Gruppe belegt denjenigen mit negativen Sanktionen, der "aus der Rolle fällt". Man könnte die Rolle also auch definieren als "eine typifizierte Antwort auf eine typifizierte Erwartung" (P. L. Berger, Einladung zur Soziologie, München 1971, S. 107). Das Rollenverhalten wird im Prozeß der Sozialisation erworben und z. T. internalisiert, so daß die Verpflichtung auf ein von der Gesellschaft/Gruppe festgelegtes, von ihr als allgemeinverbindlich angesehenes Verhaltensrepertoire letztendlich eine von außen kommende Haltung ist, die z. T. noch unbewußt wirkt und durch Sanktionen aufrecht erhalten wird.
C. F. von Weizsäcker hingegen versteht unter "Selbsteinschränkung" einen bewußten, freiwillig gewählten, von der Vernunft gesteuerten und begründeten sowie an eigenen Werten orientierten Akt. (I 4 BE + II 6 BE)

1.3 **z. B. Freud**
Nach Freud ist das Es der Sitz der angeborenen Triebe und gehorcht dem "unerbittlichen Lustprinzip", d. h., es strebt nur nach Befriedigung. Die übrigen psychischen Instanzen, das Ich und das Über-Ich, modifizieren letztendlich nur das Lustprinzip, indem sie versuchen, bei der Befriedigung der Triebe die Realität (das Ich durch die sog. "Realitätsprüfung") und die Normen der Umwelt (das Über-Ich) zu berücksichtigen. Die Tätigkeit des Es ist unbewußt, dem "Tagbewußtsein" normalerweise nicht zugänglich, was auch für die meisten Tätigkeiten des Ich und des Über-Ich gilt. So sind dem Individuum die seelischen Zwänge, die hinter seinen Willkürhandlungen stehen, nicht bewußt. Es hält sich für frei.
Möglich wäre auch, am Beispiel der Wirkungen des Über-Ich zu zeigen, daß scheinbar freie Willkürhandlungen "in Wirklichkeit unter seelischen Zwängen" stehen.
Nach Freud unterwirft sich das Kleinkind aus Angst vor dem Liebesverlust ("soziale Angst") dem Einfluß der Eltern/Erzieher, also fremdem Einfluß, und leistet aus Angst vor deren Aggression Triebverzicht. Wenn dann der fremde Einfluß soweit verinnerlicht ist, daß das Über-Ich als Autorität aufgerichtet ist, kommt es zu Triebverzicht aus Gewissensangst. Man kann also scheinbar freie Willkürhandlungen als von außen, von den unbewußt verinnerlichten Normen und Werten der Gesellschaft hervorgerufen, ansehen, als dem Individuum nicht bewußt.
In diesem Stadium der Gewissensbildung wird die böse Tat der bösen Absicht gleichgestellt. Daraus resultiert ein Schuldbewußtsein, das sich als unbewußt wirkendes Strafbedürfnis äußert. So kommt es zu Taten, die nichts anderes sind als Bußen und Strafen, die das Über-Ich aus Strafbedürfnis auferlegt hat, die das Individuum aber als solche nicht erkennt.

z. B. Adler
Ein einmal entwickelter und später unreflektiert gebliebener Lebensentwurf ("Leitlinie", "geheimer Lebensplan") auf ein bestimmtes Ich-Ideal hin wird unbewußt mit naturgesetzhafter Konsequenz durchgeführt. (I 8 BE)

1.4 Jede Ideologie ist dadurch gekennzeichnet, daß sie beansprucht, die absolute Wahrheit zu besitzen. Daraus folgt, daß demnach alle übrigen Weltanschauungen falsch sein müssen. Nun begnügt sich aber eine Ideologie nicht damit, an ihre Wahrheit zu glauben, vielmehr will sie die anderen Menschen – auch mit Zwangsmitteln – zu ihrer Weltanschauung "bekehren", was zu dogmatisch-totalitären Herrschaftsansprüchen und/oder intoleranten Herrschaftsformen und -methoden führt.

So kann eine Ideologie z. B. Gedankenfreiheit, Meinungs- und Glaubensfreiheit nicht dulden und führt deshalb eine möglichst umfassende Zensur durch: Gleichschaltung der Presse wie der anderen Massenmedien, Bücherverbrennungen. Diese "Gedankenfreiheit" wird von einer zur Herrschaft gelangten Ideologie immer konsequenter verteidigt: KZ, GuLag, Inquisition. (II 8 BE)

2.1 Im Erwartungshorizont wird als mögliches Beispiel mit Erklärung der Weg des Kleinbürgertums zum Faschismus gebracht:

Das Zerbrechen der alten, schützenden Autoritäten und die Konfrontation mit neuen, komplexen Problemen (z. B. Industrialisierung) führten zu existentieller Unsicherheit und in ihrem Gefolge zu der Suche nach einem Retter; leichtfertige, "erlösende" Aufgabe der demokratischen Freiheiten, die als die bessere Alternative noch nicht im Bewußtsein des Kleinbürgertums verwurzelt waren.

Man könnte aber auch andere Beispiele bringen. So ließe sich auch mit Sartres "mauvaise foi" argumentieren. Einfach formuliert ist "mauvaise foi", "wenn man als notwendig ausgibt, was tatsächlich im eigenen Belieben steht" (P. L. Berger, Einladung zur Soziologie, München 1971, S. 157). Der Mensch ist durch die sozialen Rollen, die er spielt, in seinem Verhalten letztendlich fremdgesteuert. In Entscheidungssituationen kann er sich an die vorgegebenen Muster halten, sich also rollenkonform verhalten. Er braucht also nicht selbständig eine freie Entscheidung zu treffen. Normalerweise trauen sich die Menschen selten zu, sich frei und selbständig zu entschließen; lieber tun sie das, was "Das Man" fordert (Erklärung: Internalisierung der Werte der Gesellschaft, sozialer Druck durch Sanktionen).

Nehmen wir z. B. einen Richter im NS-Regime. Er hat in einem "Hochverratsprozeß" nach den Normen der NS-Gesetzgebung den Täter zum Tode zu verurteilen. Er könnte sich als Richter jetzt fragen, ob ein solches Urteil nicht Unrecht sei. Wenn er nun so argumentiert, daß ein Richter keine andere Wahl habe, als das Todesurteil zu unterschreiben, weil er als Richter nicht anders könne, weil er seine Stellung verlieren würde, weil er eventuell Repressionen ausgesetzt wäre und, wenn er es nicht tue, es ein anderer seiner Kollegen täte, so drückt er sich letztlich um die persönliche Verantwortung und Entscheidung und zieht die Unfreiheit vor. (II 6 BE)

2.2 **z. B. Epikur**

Die Vernunft hat die Aufgabe, als Instrument des Abwägens beim Streben nach Lust/Glück zu dienen. Sie soll dem Menschen vor Handlungsweisen bewahren, die statt des erhofften Glücks und der erhofften Lust Unglück und Kummer bringen. So ist nicht jede Lust zu ergreifen, weil ihr um so größere Schmerzen folgen können. Umgekehrt nimmt man Schmerzen auf sich, wenn daraus größere Freuden folgen (hedonistisches Kalkül). So ist die Vernunft das *Mittel,* mit dem der Mensch den Seelenzustand der Ataraxia erreichen und bewahren kann.

z. B. Seneca (Stoa)

Auch hier ist die Vernunft die Lenkerin, das *Instrument,* mit dem der Mensch zur richtigen Einsicht gebracht werden kann, die ihn über die Apatheia zur Ataraxia führt. Der Mensch soll erkennen, daß die Naturnotwendigkeiten ja doch nicht zu ändern seien, dadurch frei von Furcht vor dem Schicksal werden und sich gleichmütig in das Unabänderliche fügen. Die Vernunft lehrt ebenfalls, daß Sinnenlust keine Beständigkeit bieten kann. Durch die Unabhängigkeit von (Sinnen-)Lust und Schmerz sowie ein tugendhaftes Leben im Einklang mit der Natur gewinnt man die Seelenruhe und Freiheit von den Unbilden des Lebens. Seneca faßt dies in folgendem Satz zusammen: "Glücklich kann derjenige genannt werden, der, von der Vernunft geleitet, nichts mehr wünscht und nichts mehr fürchtet." (I 6 BE)

2.3 Mögliche Beispiele: sog. "Alternative", Yuppies, Sektenangehörige, Punks, Fußballfans

Nach Maslow gibt es eine hierarchische Ordnung der menschlichen Bedürfnisse. Eine Kleingruppe kann hier dem einzelnen eine Erfüllung verschiedener dieser Bedürfnisse bieten. So können zunächst einmal eventuell seine Sicherheits- und Schutzbedürfnisse erfüllt werden. Wichtiger noch dürften die nächsten Bedürfnisstufen sein: die sozialen Bedürfnisse (Liebe, Freundschaft, Gruppenzugehörigkeit) und die sog. Ego-needs (Selbstachtung, Anerkennung, Geltung). Der einzelne bedeutet in der Gruppe etwas, wird in seiner Position anerkannt und erlebt so eine Stärkung seines Selbstwertgefühls. Dazu kommt noch, daß sich die Kleingruppe von der "großen Masse" abhebt (sachlich und/oder moralisch begründet, z. T. durch Äußerlichkeiten hervorgehoben), was zu einem Überlegenheitsgefühlt der "Masse" gegenüber führt. Alle diese Aspekte dürften jedoch überwiegend unbewußt bleiben.

Aspekt der Kritik: Überheblichkeit bis hin zur Menschenverachtung und eventuell Aggressivität, Selbstgefälligkeit, Egoismus, Pharisäertum, Fanatismus (III 12 BE)

Grundkurs Ethik: Abiturprüfungsaufgaben 1989
Aufgabe III – Schwerpunktthema: "Recht und Gerechtigkeit"

Text:

Entscheidend für das Bild des Strafens wird immer sein, welche Einstellung wir zum Verbrechen als einer Erscheinung des Gemeinschaftslebens gewinnen. Wenn wir in jedem Verbrechen, das begangen wird, uns selbst erkennen, dann sind wir – wenn wir irgend auch noch gutes Streben in uns finden – nicht versucht, ein Totalurteil über den Täter zu fällen und ihn zu verwerfen; dann verurteilen wir nur seine Taten und sehen unsere Mitverantwortung. Wenn wir bereit sind, eine berechtigte Strafe selbst bejahend auf uns zu nehmen als den Beitrag, der um der Gemeinschaft willen von uns gefordert wird, dann werden wir diesen Beitrag auch anderen gegenüber aufs Notwendige beschränken und Verständnis haben für alle Bestrebungen, die dahin gehen, den Strafvollzug möglichst sinnvoll zu gestalten oder gar so oft wie möglich auf Strafe zu verzichten. In all unserem Vergeltungsdrang zeigt sich ja nur das Fehlen unserer Liebe zum Nächsten; wenn der Bruder den Bruder erschlägt – würden wir dann als die Eltern die Hinrichtung des Sohnes erlangen, oder würden wir um Gnade bitten, wenn er zehn Jahre seiner Freiheitsstrafe verbüßt hat?

Erwarten wir nie eine Musterlösung des Strafens, die die Kriminalität beseitige; aber erwarten wir immer eine Musterlösung, von der wir sagen können: Diese Strafen müßten wir im Interesse des Gemeinwohls auch für die Menschen als angemessen anerkennen, die uns die liebsten sind.

Bei aller Unruhe über schlimme Verbrechen sollten wir uns immer auch über uns selbst beunruhigen und trotz allem Schmerz über eine Untat eine gewisse Gelassenheit gegenüber dem Verbrechen im ganzen bewahren. Wir sollten sehen, daß wir, wie mit der Aussicht auf vielerlei Wohltat, so auch mit der Gefahr des Verbrechens auf die Welt gekommen sind. Um unserer Freiheit und unserer Würde willen müssen wir die Genies und die Verbrecher verkraften. Der Übeltäter ist nicht wie eine Pflanze im Beete des Gärtners, die er als die schlechtere ausreißt, damit die anderen umso besser gedeihen. Der Übeltäter gehört immer zu uns allen; wo wir ihn ausreißen, da reißen wir uns selbst mit aus. Er verwirklicht immer nur eine Seite der Freiheit, die uns allen gegeben ist, jedem von uns als "die Freiheit, aufzubrechen, wohin er will" (Hölderlin).

(Schmidhäuser, E., Vom Sinn der Strafe, Göttingen: Vandenhoeck und Ruprecht, 1971, S. 108 f.)

BE

1.1 Fassen Sie die Vorschläge des Autors zu der Frage, wie wir unsere Einstellung gegenüber Verbrechen bzw. Strafe ändern sollen, thesenartig zusammen und nehmen Sie dazu begründet Stellung! (8)

1.2 Begründen Sie anhand ausgewählter Stellen des Textes, welcher Straftheorie der Autor am nächsten steht *und* welche er ablehnt! (8)

1.3 "Verbrechen als eine Erscheinung des Gemeinschaftslebens" (Z. 2)
Erläutern Sie *zwei* gesellschaftliche Faktoren, die dazu beitragen, daß ein Mensch straffällig werden kann, und stellen Sie dar, inwiefern die Vorstellung, daß die *Gesellschaft* einzig und allein die Ursache von Verbrechen sei, nicht die volle Wirklichkeit erfaßt! (14)

Textunabhängig

1.4 Führen Sie je ein Beispiel für einen Fall an,
- wo moralische Schuld und rechtliche Schuld zusammenfallen,
- wo moralische Schuld, aber keine rechtliche vorliegt,
- wo rechtliche Schuld vorhanden ist, aber keine moralische! (12)

Ergänzungsthema: "Grundfragen philosophischer Ethik"

2.1 Werte bestimmen menschliches Handeln.
Erläutern Sie, was man unter einem Wert versteht, *und* zeigen Sie an einem konkreten Beispiel aus dem nichtjuristischen Bereich, wie der Wert *Gerechtigkeit* menschliches Handeln beeinflußt! (6)

2.2 Erläutern Sie an je einem Beispiel, weshalb bestimmte Werte als *relativ* eingeschätzt werden, andere dagegen als *absolut* gültig! (8)

2.3 Zeigen Sie an einem aktuellen Beispiel, daß ein bestimmter Wert angesichts einer heute und in der Zukunft zu bewältigenden Herausforderung Vorrang gewinnt vor anderen Werten! (4)

Lösungshinweise

1.1 Hier muß ein Versehen bei der Aufgabenstellung unterlaufen sein. Ist schon der erste Teil der Fragestellung nicht sonderlich geglückt, so verlangt der zweite Teil, daß *der Prüfling* ("nehmen *Sie*") begründet Stellung nehmen soll, was hier eigentlich nicht erfüllt werden kann. Eine solche Beurteilung gehörte zur LZKE III (Urteilen), was sich auch in der Bewertung auswirken müßte. Gemeint ist hier jedoch offensichtlich, wie *der Autor* des Textes seine Bewertung begründet bzw. welche Konsequenzen er daraus zieht. Das beweist auch der Erwartungshorizont, der im folgenden wiedergegeben ist. Aufgrund der Fragestellung müßten aber auch andere Formulierungen/Lösungen anerkannt werden.
Wir müssen erkennen, daß jeder Mensch aufgrund seiner Freiheit die Möglichkeit zum Verbrechen in sich trägt.

Bei der Strafanwendung soll diese anthropologische Konstante daher folgende Konsequenzen haben.

- Man darf nicht glauben, daß durch die Strafe, auch die radikalste nicht, das Problem der Kriminalität gelöst werden könnte.
- Vergeltungsdrang ist zurückzuführen auf einen Mangel an Einsicht, Identifikationsbereitschaft und Nächstenliebe.
- Strafe darf nie den Täter als Person treffen wollen, sondern nur seine Tat.
- Die Strafe muß so gering bemessen sein wie möglich; wenn es sich vertreten läßt, sollte man ganz auf sie verzichten. (II 8 BE)

1.2 Zustimmung: zu Strafe als Sühne und zur Resozialisierungstheorie

- Strafe als vom Täter bewußt akzeptierte konkrete Form der Sühne gegenüber der Gesellschaft (Wiederherstellung der durch die Straftat ins Ungleichgewicht geratenen Rechtsordnung), Z. 6-8, Z. 16-18
- Resozialisierungsgedanke im Strafvollzug, Z. 8-10, bzw. Strafverschonung (auch Z. 24 f.).

Ablehnung: von Strafe als Rache und Strafe als Abschreckungsmittel

- Vergeltungsdrang zeigt Mangel an Nächstenliebe, Z. 11 f.
- Generalprävention, Z. 15, speziell Abschreckung durch Todesstrafe, Z. 35 f. (I 8 BE)

1.3 Hier wird eigentlich nach den Aussagen der Kriminologie zur Entstehung von Kriminalität gefragt. Dabei gibt der Begriff "gesellschaftlicher Faktor" breite Auslegungsmöglichkeiten und kann auch ganz konkret aufgefaßt werden. Hier sollen einige grundsätzliche Theorien dargelegt werden.
Man kann zunächst einmal von der sog. Anomietheorie ausgehen, die auf Durkheim (1858-1917) zurückgeht. Bei Vorhandensein von verschiedenen gesellschaftlichen Schichten ist es nur bestimmten Schichten möglich, gesamtgesellschaftliche Werte, z. B. Wohlstand, zu erreichen. Kann man ihn legal nicht erwerben, so versucht man ihn auf illegalem Weg zu erlangen. Erklärbar sind mit dieser Theorie v. a. Eigentumsdelikte (Diebstahl von Autos durch Jugendliche, Diebstahl von Luxusgütern).
Ein weiterer gesellschaftlicher Faktor, der dazu beitragen kann, daß ein Mensch straffällig wird, kann in seinem Elternhaus und der Umgebung liegen, in der er aufgewachsen ist, und zwar dann, wenn diese ihn primär auf kriminelle Normen prägt. Dies kommt nach den Aussagen der Kriminologie häufiger in den USA als in Europa vor, da in den USA eine geschäftsmäßig arbeitende, wohlorganisierte Berufskriminalität verbreitet ist. Erklärbar ist damit, daß Menschen aus kriminogenem Milieu eher kriminell werden.

Im Erwartungshorizont wird neben der Anomietheorie noch die "kollektiv-psychologische Theorie" aufgeführt. Nach ihr verdrängt der "ordentliche" Bürger seine eigenen kriminellen Neigungen, indem er das Böse auf andere projiziert. Diese werden dann als Sündenböcke verfolgt. Dieses relativ extreme Verbrecherbild entspricht aber meist nicht der Wirklichkeit. Dennoch nehmen manche die ihnen angebotene Rolle in Trotz und Selbstzweifel an.

Zum zweiten Teil der Frage bietet der Erwartungshorizont folgende Lösung:
Zur Wirklichkeit des Menschen gehört, von einigen Ausnahmen abgesehen, die Erfahrung, in Entscheidungssitutationen – und gerade in moralischen – eine Wahl treffen zu können und zu müssen. Diese Freiheit der sittlichen Entscheidung bildet auch die Grundlage unserer Rechtsordnung. Wenn jemand gesellschaftliche Einflüsse allein für das Handeln verantwortlich macht, täuscht er sich über die für jeden Menschen zumindest subjektiv gültige Freiheit des Entscheidens und Handelns.

(I - 8 BE + III 6 BE)

1.4 moralisch/rechtliche Schuld: Mord
moralische Schuld: Lüge oder Verächtlichmachung/Beleidigung (im nichtjuristischen Sinn)
rechtliche Schuld: Widerstand gegen das NS-Regime oder andere totalitäre Regime (II 12 BE)

2.1 Definition des Begriffs "Wert": "Ein von den Menschen gefühlsmäßig als übergeordnet Anerkanntes, zu dem man sich anschauend, anerkennend, strebend, verhalten kann" (P. Menzer).

Beinflussung des menschlichen Verhaltens durch Gerechtigkeit:
Schüler empfinden es als ungerecht, wenn im Umgang zwischen Schülern und Lehrer einzelne – scheinbar oder wirklich – bevorzugt werden; sie reagieren auf diese Handlungsweise des Lehrers und versuchen sie zu ändern. Eventuell hat dies bei Mißerfolg auch Konsequenzen für ihr eigenes Verhalten: Resignation, Haß auf Begünstigte. Mögliche Folge: Die Grundlage des Zusammenlebens wird zerstört.

(I 2 BE + II 4 BE)

2.2 **Relative Werte**
Der Besitz materieller Güter und die damit verbundene Sicherheit wird in unterschiedlichen Kulturen und unter unterschiedlichen Voraussetzungen als unterschiedlich eingestuft, z. B.:
Wohlstandsdenken im Bereich der Industrienationen gegen religiös fundierte Askese; dieser Wert ist in die Beliebigkeit des einzelnen gestellt, weil die Entscheidung für ihn normalerweise keine negativen Folgen für die Grundrechte anderer Menschen hat.

Absolut gültiger Wert
Die Menschenwürde gilt überall als die grundlegende Wertinstanz; im Verstoß gegen dieses Grundrecht wird dies paradoxerweise besonders deutlich (Folter, Mord). Es gibt keinen anderen Wert, der es rechtfertigte, diesen absolut gültigen Wert auch nur zeitweise außer Kraft zu setzen. (III 8 BE)

2.3 Mögliches Beispiel: Die Erhaltung der natürlichen Umwelt gewinnt heute insofern Vorrang, als man als Grundvoraussetzung für die Erreichung "sekundärer" Werte wie materieller Wohlstand und Sicherheit eine intakte Ökosphäre ansieht. (III 4 BE)

Grundkurs Ethik: Abiturprüfungsaufgaben 1989
Aufgabe IV – Schwerpunktthema: "Glück"

Text:

Unserer Haltung, die das Gegenwärtige dem Vergangenen und Künftigen vorordnet, entspricht die Glückslehre unserer Tage: Glück als Anrecht und Ziel aller stimmt die Menschen auf das Streben nach Genuß ein, wo sie unter Führung der Religionen nach "Sinn" gestrebt haben. In Zeiten der instabilen politischen Verhältnisse, in Epochen der Unfreiheit lassen sich die Glücksbedürfnisse leicht auf ein absolutes Wohlbefinden in der Zukunft, auf ein Jenseits ablenken. Bietet das politische und soziale Leben aber viele Entfaltungschancen, so richtet sich auch das Glücksstreben auf die nähere Umwelt. Je mehr Glücksangebote uns erreichen, desto weniger neigen wir zur Kontrolle unserer Glücksmöglichkeiten am Maßstab transzendenter Glücksversprechen, die zugleich Lebenssinn verheißen.

Als Teilnehmer einer überentwickelten Kultur können wir heute von den sogenannten "unterentwickelten" lernen, welche Prioritäten für ein geglücktes und damit für glücksfähiges Leben gelten. Nicht die Anpassung des Menschen an die Entwicklungen der Technik führt zum menschlichen Glück, sondern die Rückführung der technischen Fortschritte auf ein Maß, das am Wohlergehen des vollständigen Menschen gewonnen wird. Wenn das Glücksproblem ein Problem des Maßes ist – was die Lösungsextreme Askese und Hedonismus vermuten lassen –, dann wäre mit dem Ausverkauf des Glücks das Maß verletzt.

Unser Glücksstreben hat heute besonders viele Irrtumsmöglichkeiten, weil wir alles dürfen und nur wenig "sollen". Die ethischen Kategorien für unser Handeln fehlen. Für uns bildet offenbar selbst das Bewußtsein unserer *singulären* Freiheit keinen glücksergiebigen Lebenshintergrund. Daß wir so vieles dürfen und können, erfüllt uns nicht mit Glück, weil wir uns ohne sinnspendende Grenzen für unser Tun unsicher und verlassen fühlen.

Als Verwalter seines höchstpersönlichen Glücks ist der freie Demokrat also womöglich überfordert: Ohne die ethischen Hilfen des Sollens und Dürfens vermißt er die schützenden Mauern um sein Glück. Ganz ohne Horizont wird auch die Freiheit nicht süß.

(Höhler, G., Das Glück. Illusion oder Ziel für eine humanere Gesellschaft, Düsseldorf und Wien: Econ (= Goldmann TB 11382), 1984, S. 42 ff. Zum Zweck der Prüfung gekürzt und bearbeitet).

BE

1.1 Zeigen Sie, worin der Unterschied zwischen religiöser Glücksverheißung und Glück als weltlichem Ziel besteht! (8)

1.2 Erläutern Sie, inwiefern "transzendente Glücksversprechen zugleich Lebenssinn verheißen" (Z. 9 f.), *und* welche Folgen der Glaube daran auf das konkrete Verhalten hat! (8)

1.3 Erklären Sie am Beispiel der Kindererziehung, was die Autorin in den Zeilen 19-24 als Glücksvoraussetzung beschreibt, *und* erläutern Sie an einem Beispiel, wann Grenzen ihre Funktion, Sinn zu stiften, verlieren! (8)

Textunabhängig

1.4 Zeigen Sie, welchen Stellenwert der Genuß in einer Glücksphilosophie der Antike hat, *und* begründen Sie, warum der Genuß in dieser Glücksphilosophie gerade diese Bewertung erfährt! (10)

Ergänzungsthema: "Recht und Gerechtigkeit"

2.1 "(...) Gerechtigkeit ohne Barmherzigkeit ist Grausamkeit, Barmherzigkeit ohne Gerechtigkeit ist die Mutter der Auflösung (jeglicher Ordnung)."

(Thomas von Aquin, um 1225-1274)

Veranschaulichen Sie die beiden Aussagen des Thomas von Aquin an je einem Beispiel! (6)

2.2 Manche Staaten wehren den Vorwurf, bei ihnen würden die Menschenrechte verletzt, mit dem Argument ab, niemand habe das Recht, sich in ihre inneren Angelegenheiten einzumischen.

Auf welche Rechtsauffassung berufen sich offenbar solche Staaten, *und* von welcher Rechtsauffassung aus läßt sich diese Haltung kritisieren?
Führen Sie den jeweiligen Standpunkt näher aus! (8)

2.3 Es ist unstrittig, daß der Widerstand gegen das NS-Regime ethisch legitim war. Dagegen wird die Behauptung von Terroristengruppen in der Nachkriegsgeschichte der Bundesrepublik Deutschland, auch sie leisteten berechtigten Widerstand, nicht akzeptiert.
Begründen Sie, daß sich diese Terroristen zu Unrecht auf das Widerstandsrecht berufen! (12)

Lösungshinweise

1.1 Die Fragestellung ist nicht eindeutig. Es werden in dem Text nicht religiöse Glücksverheißung und Glück als weltliches Ziel einander wertneutral gegenübergestellt, sondern an letzterem wird Kritik geübt. Dazu bringt der im folgenden abgedruckte Erwartungshorizont Aspekte, die so nicht im Text stehen, sondern wahrscheinlich im Unterricht behandelt worden sein dürften. Bei der Bewertung müßten also auch andere Formulierungen angemessen berücksichtigt werden, z. B. solche, die den Aspekt des Maßes (Z. 11-18) einbeziehen.

	religiöse Glücksverheißung	**Glück als weltliches Ziel**
Ort:	Himmel, Jenseits, Paradies als Symbole für religiöse Glücksorte	Glück hier und jetzt
Zeit:	verschoben auf die Zeit nach dem Tode, Dauerzustand	zeitlich begrenzt
Qualität:	Überwindung der irdischen Existenz, die neue Existenzform verdankt der Mensch der göttlichen Gnade	

(I 2 BE + II 6 BE)

1.2 Auch diese Fragestellung ist nicht eindeutig, was den Umfang anbelangt. Im Erwartungshorizont werden für das Christentum die Beispiele des Calvinismus und des Mönchtums gebracht. *Ein* klar ausgeführtes Beispiel würde aber nach der Fragestellung schon genügen.

Im Christentum etwa gibt es unterschiedliche Ausformungen dieses Grundzusammenhangs, z. B.:

Calvinismus: Sinnerfüllung durch unmittelbare Erfahrung der Gnadenwahl (Auserwähltheit) im wirtschaftlichen Erfolg (vgl. auch Aufgabe I, Nr. 2.2!)

Mönchsdasein: Sinnerfüllung durch Leben in einem Orden oder durch ein Einsiedlerdasein; dies bedeutet Verzicht auf weltlichen Genuß und Annäherung an den verheißenen Zustand im Jenseits.

Auswirkungen auf das Verhalten
Orientierung an den Normen und Werten, die durch die Kirche vermittelt werden und die dieses Glück ermöglichen. (I 2 BE + II 6 BE)

1.3 Kinder haben entwicklungspsychologisch das Bedürfnis nach Identifikation. In den ersten Lebensjahren integriert das Kind über die Liebensbeziehungen zu Vater und Mutter bzw. deren Ersatzpersonen Werte und Normen. Was die Eltern "gut", "brav", "richtig" oder "böse", "schlimm", "falsch" nennen, wird übernommen. Ohne eine solche Führung durch die elterliche Autorität – und das heißt auch, daß Grenzen aufgezeigt werden – kann sich ein junger Mensch nicht normal entwickeln. Der Fehlschlag der antiautoritären Erziehung beweist dies deutlich. Man kann also in diesem Sinne behaupten, daß "wir uns ohne sinnspendende Grenzen für unser Tun unsicher und verlassen fühlen" (Z. 23 f.), also Orientierung brauchen. Andererseits darf die Erziehung nicht in das Gegenteil ausschlagen, dürfen nicht zu harte oder schematische oder willkürliche Grenzen gezogen werden. Beispiele hierfür sollten sich eine Menge finden lassen (z. B. ohne Rücksicht auf andere Bedürfnisse angewandte Strafen).

(I 2 BE + III 6 BE)

1.4 **z. B. Epikur**

Epikurs Grundthese ist, daß der Mensch nach Freude, Lust (griech. "hedone") strebt. Glück und Lust werden dabei aber nur dann als gut eingeschätzt , wenn sie kein Übel zur Folge haben. Umgekehrt werden auch Schmerzen, Entbehrungen als glückfördernd eingestuft, wenn man sie nur darum auf sich nimmt, weil auf sie eine um so größere Freude folgt. Langfristige Schmerzlosigkeit und die Seelenruhe (Ataraxia) werden also dem kurzfristigen Lusterlebnis vorgezogen, wobei die Vernunft die Aufgabe hat, abzuwägen und zu unterscheiden (= hedonistisches Kalkül). (I 10 BE)

2.1 Hier wird die Frage nach der Bedeutung des Wertes der Gerechtigkeit angeschnitten. Einerseits ist sie die Grundlage jeden Zusammenlebens, andererseits zeigt sich, daß man sie – wie jeden anderen Wert auch – nicht verabsolutieren darf. Ein Richter, der bei seinem Urteil mitleidslos nur auf die Tat als solche blickt, der die weiteren Umstände nicht berücksichtigt, faßt Strafe als Rache auf und wird zu grausamen Bestrafungen kommen. Es darf also nicht allein nur auf den Wert "Gerechtigkeit" geblickt und dieser absolut gesetzt werden.

Andererseits würde ein gänzlicher Verzicht auf Gerechtigkeit und damit auf Wiedergutmachung und Sühne/Buße dazu führen, daß jeder auf Barmherzigkeit spekulieren würde und somit tun könnte, was ihm beliebt, womit jede überindividuelle Ordnung des Zusammenlebens zerstört würde. (I 2 BE + II 6 BE)

2.2 **Argumentation der Verletzer von Menschenrechten**

Positives nationales Recht geht dem universalen Anspruch erhebenden Naturrecht vor.

Argumentation ihrer Kritiker

Naturrecht ist anthropologisches Menschenrecht und gilt über alle staatlichen Grenzziehungen hinweg; die Menschenrechte kommen jedem Menschen von Natur aus zu und können also von keinem Staat "gewährt" oder entzogen werden, deshalb sind Menschenrechtsverletzungen immer zu verurteilen. (I 2 BE + II 6 BE)

2.3 Vor dem Horizont des Naturrechts ist das NS-Regime eindeutig als Unrechtsherrschaft zu qualifizieren. Gegen eine solche gilt nach dem klassischen Widerstandsrecht auch gewaltsamer Widerstand als legitim.

Die BRD hingegen ist ein demokratisch legitimierter Rechtsstaat, der die Menschenrechte gewährleistet. Die Terroristen, die diesen Staat und seine Bürger – und noch dazu mit gewaltsamen Mitteln – bekämpfen, treffen damit eine im besten Fall subjektive, ideologisch bedingte/verzerrte Aussage über den Unrechtscharakter dieses Staates, die sich, am Maßstab der Menschen- bzw. Grundrechte gemessen, nicht rechtfertigen läßt. (III 12 BE)

Aufgabe I – Schwerpunktthema: "Grundfragen philosophischer Ethik"

Text:

Im Jahre 1936 hielt Max Planck folgende Rede vor der Ortsgruppe Leipzig der Deutschen Philosophischen Gesellschaft:

Denken wir uns also etwa, ein unschuldig Verfolgter sei von einem ihm nahestehenden mutigen Freunde heimlich an einen verborgenen Platz gebracht worden, wo er sich einstweilen sicher fühlen kann, und dieser Freund werde von den Verfolgern aufgesucht und nach dem Aufenthaltsort seines Schützlings befragt. Wie wird er sich verhalten? Wenn er eine ethisch hochstehende Persönlichkeit ist, wird seine Wahrheitsliebe mit seiner Freundestreue in Konflikt geraten. Da die Erteilung einer sachgemäßen Antwort auf die gestellte Frage den Freund sicherlich ins Verderben bringen würde, so könnte er, um bei der Wahrheit zu bleiben, vielleicht auf den Gedanken kommen, eine Antwort zu verweigern und im übrigen alles zu versuchen, um die Unschuld des Verfolgten ans Licht zu bringen. Aber der Erfolg wäre dann vielleicht nur der, daß man dann Zwangsmaßnahmen gegen ihn selber anwenden würde, um ihn zu einer Aussage zu bewegen. Viel einfacher und für die Rettung seines Schützlings aussichtsvoller wäre es, wenn er durch eine Lüge die Verfolger irreführte und statt des richtigen Verstecks eine weit davon entfernte Örtlichkeit nennen würde. Dann wäre wenigstens zunächst einmal Zeit gewonnen. Auch andere Verhaltungsmöglichkeiten bieten sich ihm dar. Er könnte z. B. antworten, daß er den Aufenthaltsort nicht kenne, oder er könnte die Antwort hinauszögern, oder er könnte auch überhaupt nicht antworten und sich taub stellen. Für jede dieser Verhaltungsmaßregeln ließe sich einiges anführen, aber jede hat auch ihre Nachteile. So treffen und kreuzen sich in den Gedanken des Befragten eine große Anzahl von Überlegungen, deren jede einen Beitrag zu den für seinen Entschluß maßgebenden Motiven liefert und die er gegeneinander abwägen wird. Aber nicht diese Überlegungen allein sind es, welche schließlich die Willensentscheidung herbeiführen. Hinzu kommt noch ein zahlreiches Heer von Motiven und Trieben, die dem Überlegenden nur dunkel oder überhaupt nicht bewußt werden. Das sind gewisse, seinem Charakter oder seinem Temperament entspringende, durch die Aufregung vielleicht noch gesteigerte Gemütsstimmungen, Impulse oder auch Hemmungen, über die er sich keine klare Rechenschaft ablegt, die aber doch in dem Kampf der Motive von sehr bedeutendem Einfluß sein können.

(Planck, M., Vom Wesen der Willensfreiheit. In: M. Planck, Vorträge und Erinnerungen, 11., unveränd. Aufl., reprograf. Nachdr. d. 5. Aufl., Stuttgart 1949, Darmstadt: Wissenschaftliche Buchgesellschaft 1979, S. 304 f. Zum Zweck der Prüfung gekürzt.)

BE

1.1 Benennen Sie *zwei* dem vorliegenden Text zugrundeliegende "Grundfragen philosophischer Ethik", und belegen Sie diese anhand einschlägiger Textstellen! (8)

1.2 Die Forderung, die Wahrheit zu sagen, ist nicht nur eine Konvention, sondern wird auch in der *Ethik* erhoben.
Stellen Sie *ein* ethisches Prinzip dar, auf das sich das Wahrhaftigkeitsgebot stützt, *und* rechtfertigen Sie die Forderung nach Wahrhaftigkeit grundsätzlich, ohne eine bestimmte philosophische Theorie heranzuziehen! (10)

1.3 Stellen Sie dar, wie der vorliegende Fall von einem Vertreter einer Ihnen bekannten philosophischen Ethik gelöst würde! (8)

1.4 Viele Menschen sind bei prinzipieller Anerkennung des Wahrhaftigkeitsgebotes von der moralischen Zulässigkeit der Notlüge überzeugt.
Stellen Sie an einem selbstgewählten Beispiel dar, welche Faktoren *und* Überlegungen die Entscheidung für oder gegen eine Notlüge beeinflussen können! (8)

Ergänzungsthema: "Recht und Gerechtigkeit"

2.1 Im Dritten Reich verurteilte ein Richter einen Mann zu Tode, weil er einen jüdischen Bürger vor der Gestapo versteckt hatte.
Wie sollte ein Staatsanwalt, der diesen Richter nach 1945 anklagt, rechtsphilosophisch argumentieren? (10)

2.2 Die Justitia wird mit den drei Attributen Augenbinde, Schwert und Waage bildlich dargestellt.

Erklären Sie, inwiefern diese drei Symbole mit dem Begriff der Gerechtigkeit verbunden sind! (6)

2.3 Gerechtigkeit ist ein Wert, der nicht nur auf den Bereich des staatlichen Lebens und der Justiz beschränkt ist, sondern auch in unserem Alltag eine Rolle spielt.
Zeigen Sie an einem konkreten Beispiel, welche Bedeutung die Gerechtigkeit für das Gelingen menschlichen Zusammenlebens hat! (10)

Lösungshinweise

1.1 Die Fragestellung darf nicht dazu verführen, an die drei Fragen zu denken, die als die Grundfragen der Philosophie gelten: Was können wir wissen? Was sollen wir tun? Was dürfen wir hoffen? Vielmehr wird hier auf die Lernziele des Kurshalbjahresthemas "Grundfragen philosophischer Ethik" Bezug genommen:

Moral und Motivation
In diesem Text werden mögliche Motive für moralische Verhaltensweisen indirekt angesprochen (vgl. Z. 18 ff.):
- Autoritätsgehorsam
- Egoismus
- rationale Begründung

Philosophisch begründete ethische Entwürfe
Möglichkeiten, den Wertkonflikt/die Pflichtenkollision (Z. 5 f.) zu entscheiden, könnten philosophisch begründete Systeme bieten:
- die utilitaristische Ethik: Ansätze dazu Z. 6 ff., Aufzeigen möglicher Konsequenzen des Handelns
- Kants kategorischer Imperativ: Deutliche Anspielung auf Kants berühmten Aufsatz "Über ein vermeintliches Recht, aus Menschenliebe zu lügen"

Werte – Normen – Pflichten – Grundsätze
Es handelt sich hier um einen Wertkonflikt oder eine Pflichtenkollision zwischen Wahrheitsliebe und Freundestreue (Z. 5 f.). Außerdem wird – wenn auch nicht direkt – die Problematik der Wertehierarchie angesprochen: Gibt es absolut gesetzte Werte oder nur relativ gültige? (I 8 BE)

1.2 Unter "Prinzipien" versteht man in der Ethik allgemeinverbindliche Handlungsweisen: Mögliche Prinzipien:

Prinzip "Wahrheit um der Wahrheit willen"
Da die Wahrheit ein Wert an sich ist, erkennt man sie dadurch an, daß man sie ausspricht, und bestätigt so die Wahrheit als Wert. (Vgl. hierzu Iphigeniens Aussprechen der Wahrheit gegenüber Thoas in Goethes Drama "Iphigenie auf Tauris".)

Prinzip der Gegenseitigkeit
Gegenseitiges Vertrauen setzt Wahrheit voraus. Lüge zerstört dieses und damit auch die Grundlage des Zusammenlebens. (Vgl. auch die Goldene Regel: Was du nicht willst, daß man dir tu, das füg´ auch keinem andern zu!) (II 10 BE)

1.3 Als einfachste Lösung bietet sich hier der Utilitarismus an. Da nach ihm "das größte Glück der größten Zahl", also die Förderung des Wohlergehens der Mehrheit der Betroffenen, als Handlungsprinzip gilt und dieses in diesem Falle auch durch Lüge ermöglicht werden könnte, darf der Freund die Wahrheit verschweigen und lügen. Unter Umständen könnte aber auch das Aussprechen der Wahrheit mit der utilitaristischen Ethik gerechtfertigt werden, wenn z. B. auch durch das Verschweigen der Wahrheit der Verfolgte nicht gerettet werden könnte und noch dazu sein Freund und eventuell sogar seine ganze Familie wegen des Delikts der Strafvereitelung selbst mit harter Bestrafung rechnen müßten.
Als eine andere Ethik kann die Kants angewendet werden, wobei der Erwartungshorizont ausdrücklich darauf hinweist, daß in diesem Fall vom Prüfling nicht alle Gesichtspunkte erläutert werden müssen. Die Forderung Kants in seinem kategorischen Imperativ, daß der Mensch immer so handeln solle, daß die Maxime seines Willens zum Prinzip einer allgemeinen Gesetzgebung gemacht werden könne, schließt die Möglichkeit der Lüge, auch der Notlüge, aus. Denn eine denkbare Maxime, daß jeder

Mensch lügen müsse, hebt sich selbst auf. In seiner "Grundlegung zur Metaphysik der Sitten" behandelt Kant unter anderem auch die Frage, ob man sich in einer bedrängten Lage nicht auch durch eine Notlüge befreien dürfe. Er kommt zu dem Schluß´: "So werde ich bald inne, daß ich zwar die Lüge, aber ein allgemeines Gesetz zu lügen gar nicht wollen könne; [...] mithin meine Maxime, so bald sie zum allgemeinen Gesetz gemacht würde, sich selbst zerstören müsse."
Ferner muß man nach Kant bei einer moralisch guten Handlung ganz von der Verfolgung egoistischer Ziele absehen und darf sich nicht von der "Neigung" bestimmen lassen. Kein noch so moralischer Zweck kann jemals unmoralische Mittel "heiligen". Lüge als pflichtwidriges Verhalten kann also niemals Instrument des Guten sein.

(II 8 BE)

1.4 Woran man hier zuerst denkt, dürfte sicher der Arzt sein, der von einem Patienten, der nur noch wenige Monate zu leben hat, um Auskunft über seine Situation gefragt wird und vor der Entscheidung steht: Soll er dem Patienten die volle Wahrheit sagen oder ihn im unklaren über seinen Zustand lassen?

Faktoren

- Therapiemöglichkeiten in diesem Krankenhaus
- Alter des Patienten
- Persönlichkeitsstruktur/seelische Stabilität des Patienten
- sein momentaner psychischer Zustand
- Wünsche des Patienten
- Einstellung der Angehörigen des Patienten

Überlegungen

- Wie sicher ist die Diagnose?
- Will der Patient wirklich die volle Wahrheit erfahren?
- Wie wirkt sie sich für ihn aus?
- Werden die psychischen Kräfte des Patienten, die eventuell eine positive Entwicklung veranassen könnten, durch das Wissen um die wirkliche Lage gestärkt oder geschwächt? (III 8 BE)

2.1 Im Erwartungshorizont wird betont, daß auf diese Frage vom Prüfling auf keinen Fall ein juristisch hieb- und stichfestes Plädoyer verlangt werden kann, sondern daß er die Grundsätze des Naturrechts auf diesen Fall beziehen und deutlich herausstellen soll. Die Problematik einer Anklage eines Richters nach 1945 wegen unmenschlicher Urteile während der NS-Zeit zeigt G. Radbruch in seinem Aufsatz "Gesetzliches Unrecht und übergesetzliches Recht" in der Süddeutschen Juristenzeitung von 1946 auf (abgedruckt in: G. Radbruch, Der Mensch im Recht, Göttingen 1957, Kleine Vandenhoeck-Reihe 51/52/52a, S. 111-124). Er bespricht darin konkrete Fälle aus der damaligen SBZ, wo man sich bei der Verurteilung auf naturrechtliche Grundsätze berief und formaljuristische Erwägungen arg großzügig beiseite schob. Radbruch betont hingegen: "Wir haben die Gerechtigkeit zu suchen, zugleich [aber auch] die Rechtssicherheit zu beachten" (a. a. O., S. 124). Für den Prüfling genügt es jedoch, wenn er in einfacher Form naturrechtlich argumentiert, wie es der hier wiedergegebene Erwartungshorizont zeigt, wobei er sich auch auf das Gesetz Nr. 10 des Alliierten Kontrollrats vom 30. Januar 1946 ("Verbrechen gegen die Menschlichkeit") beziehen könnte, es aber nicht muß, in dem unmenschliche Handlungen und Verfolgungen aus politischen, rassischen oder religiösen Gründen schlechthin unter Strafe gestellt sind.
Wenn die Gesetze den Willen zur Gerechtigkeit in grober und unverkennbarer Weise leugnen, also z. B. einzelnen gesellschaftlichen Gruppen grundlegende Menschenrechte nach Willkür gewähren oder versagen und zusätzlich Menschen mit Strafe bedrohen, die im Sinne dieser Menschenrechte handeln, dann darf sich kein Richter auf solche Gesetze berufen oder seine Rechtsprechung nach ihnen ausrichten.

Selbst wenn der Richter formal rechtmäßig handelte, durfte er sich doch nicht zum Werkzeug eines Verbrechens machen lassen. Von diesen Erwägungen ausgehend, glauben wir, daß Richter angeklagt werden müssen, die mit den Normen der Grundrechte unvereinbare Urteile gesprochen haben. (III 10 BE)

2.2 **Augenbinde:** Neutralität des Gerichts, Richten ohne Ansehen der Person
Schwert: Macht und Strafgewalt des Staates zur Wiederherstellung der verletzten Ordnung
Waage: Ausgleich, wie er durch den Spruch des Gerichts geschaffen wird

(I 6 BE)

2.3 Bedeutung der Gerechtigkeit für das menschliche Zusammenleben allgemein: Gerechtigkeit ist *die* soziale Tugend schlechthin. Das menschliche Zusammenleben bedarf ihrer unbedingt, wenn es gelingen soll. Gerechtes Handeln setzt voraus, daß sich die jeweiligen "Parteien" als Personen grundsätzlich gleichen Ranges (Gleichheitsprinzip) anerkennen und respektieren. Prinzipielle Gleichheit und Freiheit ist das Fundament des Zusammenlebens. Dieses Fundament wird irreparabel beschädigt, wenn jemand für sich ungerechtfertigt und ungestraft Sonderrechte oder Privilegien (Ungleichheit) beansprucht und durchsetzt. Dadurch werden auch weitere moralische Werte, wie Vertrauen, Zuverlässigkeit, Solidarität usw., zerstört, und an ihre Stelle treten Mißtrauen, Neid, Gehäßigkeit, Angst usw. Dies könnte leicht an einem konkreten Beispiel aus dem Bereich "Schule" oder "Familie" aufgezeigt werden, z. B. die ungerechte (weil ungleiche) Behandlung von Geschwistern oder Schülern und die daraus resultierenden Folgen für das Zusammenleben in diesem Bereich.

(I 4 BE + II 6 BE)

Grundkurs Ethik: Abiturprüfungsaufgaben 1990
Aufgabe II – Schwerpunktthema: "Freiheit und Determination"

Vorbemerkung
Adolf Eichmann. Obersturmbannführer der SS, war während des Zweiten Weltkrieges als zuständiger Leiter der "Abteilung für Judenangelegenheiten" der Gestapo Hauptverantwortlicher für die Erfassung und Deportation von Millionen Juden in die Vernichtungslager. Er wurde 1960 in Südamerika aufgespürt und nach einem langen Prozeß am 31. Mai 1962 in Jersualem hingerichtet.
Die folgenden Textstellen sind Auszüge aus der 5. Szene des im Jahre 1982 entstandenen dokumentarischen Theaterstücks "Bruder Eichmann" von Heinar Kipphardt (1922-1982). Eichmann wird in seiner Zelle von der Fachärztin für Psychiatrie Dr. Schilch über seine Jugend und Erziehung befragt.

Text:

EICHMANN: Von der Kinderstube angefangen, war bei mir der Gehorsam etwas Unumstößliches, etwas nicht Aus-der-Welt-zu-Schaffendes.

SCHILCH: Warum?

EICHMANN: Aus meiner Erziehung, strenge Erziehung, Frau Doktor, von meinem seligen Vater. Trotz liebevollster Zuneigung und Freude an mir war er sehr streng gewesen, gab es keine Widerworte, mußte gehorcht werden.

SCHILCH: Erinnern Sie sich an bestimmte Sachen?

EICHMANN: Bei den Mahlzeiten, zum Beispiel, Tischgebet, Reichen der Speisen, hieß es von Anfang an, was auf den Tisch kam, mußte gegessen werden. Wer etwas nicht aß, bekam es bei der nächsten Mahlzeit wieder, bis er es aufgegessen hatte. So lernten wir Genügsamkeit.

SCHILCH: Konnten Sie Wünsche äußern, was Sie gern aßen?

EICHMANN: Nein. Wir waren ja acht Kinder, sieben Söhne, eine Tochter. Es war den Kindern nicht erlaubt, während des Essens zu sprechen, nur wenn ein Kind direkt etwas gefragt wurde, durfte es antworten.

SCHILCH: Akzeptierte das die Mutter, war sie ein Schutz?

EICHMANN: Schutz? Ich weiß nicht, ob Schutz? Die erste Mutter starb ja früh, 1916, an Lugentuberkulose, da war ich zehn Jahre. Tiefer Schock, tiefer Verlust, tiefe Trauer.

SCHILCH: Viel geweint?

EICHMANN: Wir waren so erzogen, daß man sich beherrscht, daß auch Weinen nicht gezeigt wird.

SCHILCH: Wann ist Ihr Vater gestorben?

EICHMANN: In diesem Jahr, im März, ich habe ihn mehr als achtzehn Jahre nicht gesehen, obwohl es immer blieb in meinem Kopf: "Was sagt der Vater dazu?"
(Eichmann unterdrückt seine Rührung.)
Der Vater war immer die bestimmende Figur gewesen, auch in der zweiten Ehe, und stets von großem Ansehen begleitet. Sehr prinzipienfest und willensstark.

SCHILCH: War es für Sie schwer, seinen Erwartungen zu genügen?

EICHMANN: Wie ich noch ganz klein war, hatte ich eine Kinderlähmung, Polio, und ich mußte neu gehen lernen. Einmal in der Woche prüfte er meine Fortschritte. Ich war sehr bedrückt, wenn er fand, daß ich nicht genug geübt hatte. Das ist meine erste Erinnerung, ziemlich meine erste. Auch in der Schule, lernen, lernen, hat es mich oft gequält, daß ich ihm nicht entspreche, als einziger der Söhne die Matura nicht erreichte, das Abitur.

SCHILCH: Was für Strafen gab es?

EICHMANN: Schuhputzen, Strafarbeiten, Ausgangssperre, Taschengeldentzug, Stubenarrest. – Das Schlimme für mich war nicht, wenn er schimpfte, sondern von seiner Enttäuschung sprach.

SCHILCH: Wurden Sie strenger als Ihre Geschwister erzogen?

EICHMANN: Strenger. Obwohl ich kein schwer erziehbares Kind gewesen sein soll, sondern das gerade Gegenteil davon, leicht lenkbar und folgsam. Weil ich der Älteste war vielleicht, der Vornamensträger, Adolf, oder – ist mir nicht klar, warum.

SCHILCH: Fanden Sie das ungerecht?

EICHMANN: Glaub' ich nicht. Ich anerkannte meinen Vater als absolute Autorität, wie ich später auch meine Lehrer und Vorgesetzten als Autorität anerkannte. Als ich zur Truppe kam, schien mir das Gehorchen keinen Deut schwerer als das Gehorchen der Kinderstube. Auch in der Schule, auch in den Berufsjahren, auch da.

SCHILCH: Wenn Sie sich von jemandem ungerecht behandelt fühlten, wie haben Sie da reagiert?

EICHMANN: Ich möchte ein Beispiel erwähnen, was ich später oft den mir unterstellten Offizieren und Unteroffizieren erzählte. Das war in Kloster Lechfeld gewesen, Truppenübungsplatz damals, da war irgendein Vorkommnis gewesen in der Kompanie, das Bataillon wollte es herauskriegen und fing mit Strafexerzieren an und, wie das so üblich war, war es das Robben.

Ich hatte damals vor Ingrimm und Zorn – weil ich glaubte, es geschähe uns Unrecht – habe ich verbissen weitergerobbt, und so hatte ich mir meine Ellbogen durchgerobbt, hatte auf Verbinden verzichtet, und die beiden Ellbogen waren frei von Haut. lief das Blut heraus. Kurz und gut, ich blieb hier stur und robbte in meinem Zorn weiter.

SCHILCH: Wenn ich Sie recht verstehe, Sie wehrten sich gegen ein Unrecht, indem Sie rücksichtslos gehorchten?

EICHMANN: Es wäre denkbar gewesen, daß das berühmte Kamel durch das Nadelöhr geht, aber undenkbar, daß ich mir gegebenen Befehlen nicht gehorcht hätte, damals.

Ich wurde in dieser Zeit Unterscharführer, bekam ein Sternchen, Unteroffizier also. Ich habe damals stur meinen Befehlen eben Gehorsam geleistet und darin habe ich – meine Erfüllung gefunden.

SCHILCH: Auch wenn Ihnen ein Befehl ganz falsch schien oder Sie in Gewissenskonflikte brachte?

EICHMANN: Ich hatte ihn nicht zu deuten, ich hatte ihn auszuführen, denn die Verantwortung, das Gewissen, muß ja der Befehlsgeber haben, letztlich also die Staatsspitze. Wenn man mir um jene Zeit in diesem, wie es hieß, Schicksalskampf des deutschen Volkes gesagt hätte: Dein Vater ist ein Verräter, also mein eigener Vater ist ein Verräter, und ich hätte ihn zu töten, hätte ich das auch getan.

SCHILCH: Wie haben Sie das Kriegsende aufgenommen?

EICHMANN: Ich wollte mich erschießen.

Es war ein Sichtreibenlassen, Weltuntergangsstimmung, geistiger Schock, führungslos, da keinerlei Befehle oder Weisungen mehr heranzuziehen waren. Es stürzte all das wie ein Kartenhaus auch innerlich in mir zusammen, was ich gestern noch anbetete.

(Kipphardt, H., Bruder Eichmann. Schauspiel und Materialien, Reinbek: Rowohlt (Ges. Werke in Einzelausgaben 780 und rororo TB 5716) 1986, S. 29 ff. Zum Zweck der Prüfung gekürzt und bearbeitet.)

BE

1.1 Benennen und belegen Sie *drei* unterschiedliche wesentliche Erfahrungen in der Biographie A. Eichmanns, die auf seine psychische und soziale Entwicklung determinierend gewirkt haben können! (Belege in der Form von Kurzzitaten mit Zeilenangaben!) (10)

1.2 Erläutern Sie anhand Ihrer Kenntnisse aus der Tiefenpsychologie die von Ihnen oben angeführten Determinanten! (10)

1.3 "Wenn man mir um jene Zeit in diesem, wie es hieß, Schicksalskampf des deutschen Volkes gesagt hätte: Dein Vater ist ein Verräter, also mein eigener Vater ist ein Verräter, und ich hätte ihn zu töten, hätte ich das auch getan."

In dieser Aussage stehen zwei Werte gegeneinander, und Eichmann entscheidet sich für den einen. Erläutern Sie, um welche Werte es sich handelt *und* wie es zu einer solchen Entscheidung eines Menschen kommen kann! (8)

1.4 Erläutern Sie, weshalb der Täter Eichmann trotz aller in seiner psychischen und sozialen Entwicklung wirksam gewordenen Einflüsse nicht als Opfer seiner Determination gesehen werden kann! (12)

Ergänzungsthema: "Grundfragen philosophischer Ethik"

2.1 Zeigen Sie am Beispiel eines im Unterricht behandelten philosophisch begründeten ethischen Entwurfs der Neuzeit, wie dort das Problem des moralisch richtigen Verhaltens eines einzelnen in der Gesellschaft gelöst wird! (8)

2.2 Erläutern Sie an *jeweils einem* konkreten Beispiel,
- daß es einerseits sinnvoll sein oder sogar notwendig werden kann, bestimmte Werte in Frage zu stellen und gegebenenfalls andere an ihre Stelle zu setzen, also einen Wertewandel zu vollziehen, *und*
- daß es andererseits unverzichtbar ist, an bestimmten Werten ohne Abstriche festzuhalten, einen Wertewandel also strikt abzulehnen! (12)

Lösungshinweise

1.1 Aus dem im folgenden abgedruckten Erfahrungshorizont muß der Prüfling drei Erfahrungen benennen und belegen.

Wesentliche Erfahrungen

Vater:

Erfahrung der beherrschenden Autorität des Vaters
- trotz liebevollster Zuneigung mußte gehorcht werden (Z. 5. ff.)
- der Vater immer bestimmende Figur (Z. 26)
- anerkannte meinen Vater als absolute Autorität (Z. 44 f.)

Erfahrung der Unterdrückung des Gefühlsbereiches
- wir waren so erzogen, daß man sich beherrscht, daß auch Weinen nicht gezeigt wird (Z. 20 f.)

Erfahrung der Ritualisierung und Entpersonalisierung des Gehorsams
- wer etwas nicht aß, bekam es bei der nächsten Mahlzeit wieder (Z. 9 f.)
- Strenger. Obwohl ich [...] leicht lenkbar und folgsam war (Z. 40 f.)
- es war nicht erlaubt, während des Essens zu sprechen (Z. 13 f.)
- hieß es von Anfang an (Z. 8 f.)
- mußte gehorcht werden (Z. 6)

Erfahrung der Abhängigkeit des Selbstwertgefühls von der väterlichen Autorität seit frühester Kindheit und auch noch nach der Abwesenheit des Vaters
- ich war sehr bedrückt, wenn er fand, daß ich nicht genug geübt hatte (Z. 30 f.)
- das Schlimme für mich war, [...] wenn er von seiner Enttäuschung sprach (Z. 37 ff.)
- Was sagt der Vater dazu? (Z. 24)

Häufige Erfahrung des Versagens
- hat es mich oft gequält, daß ich ihm nicht entspreche, als einziger der Söhne die Matura nicht erreichte (Z. 32 ff.)

Mutter:

Erfahrung des fehlenden Schutzes durch die Mutter und damit des Fehlens einer möglichen Verhaltensalternative und der Erfahrung von leistungsunabhängiger Geborgenheit
- ich weiß nicht, ob Schutz (Z. 17)

Vorgesetzte:

Erfahrung der persönlichen Erfüllung im Gehorsam
- von der Kinderstube angefangen, Gehorsam etwas Unumstößliches (Z. 1f.)
- undenkbar, gegebenen Befehlen nicht zu gehorchen (Z. 62)
- und darin habe ich meine Erfüllung gefunden (Z. 64 f.)

NS-Ideologie:

Erfahrung der Entlastung von möglichen Gewissensskrupeln dadurch, daß die ideologische Weltanschauung den Rang einer Religion erhält
- was ich gestern noch anbetete (Z. 77) (II 10 BE)

1.2 **Auswertung nach der Psychoanalyse Freuds**
Nach Freud ist "eine Handlung des Ichs [...] dann korrekt, wenn sie gleichzeitig den Anforderungen des Es, des Über-Ichs und der Realität genügt, also deren Ansprüche miteinander zu versöhnen weiß." (S. Freud, Abriß der Psychoanalyse. Das Unbehagen

in der Kultur, Frankfurt/M., 1953: Fischer-Taschenbuch 6043, S. 10) Das Ich ist also die Instanz, die im psychischen Apparat zwischen den verschiedenen Teilen vermitteln und gleichzeitig der Realität genügen muß.

Im Falle Eichmanns ist es dem Ich nicht gelungen, die Ansprüche des Über-Ichs und die Wünsche des Es sinnvoll zu integrieren. Die Beziehungen zwischen Ich und Über-Ich können zurückgeführt werden auf das Verhältnis des Kindes zu seinen Eltern. Da im Falle Eichmanns die Mutter als Vorbild ausgefallen ist und der Vater als eine übermächtige Autorität erfahren wird, werden im Über-Ich dessen Normen und später die der NS-Ideologie dermaßen bestimmend, daß das Ich seine Hauptaufgabe darin sieht, diesen Normen ein Leben lang gerecht zu werden. Auf der anderen Seite unterliegen die Wünsche des Es, z. B. Essen und Gefühle, der Unterdrückung und Verdrängung. Dieses Zusammenspiel der verschiedenen Faktoren führt zu dem, was Freud eine "Neurose" nennt. Ihre Ursachen liegen nach ihm schon in der frühen Kindheit und sind zurückzuführen auf eine seelische Disposition (Überempfindlichkeit, übermäßige Triebstärke) und eine unzureichende Befriedigung von Bedürfnissen und die Verdrängung von Wünschen. So kann man also Eichmanns Verhaltensweise als "neurotisch" bezeichnen.

In der NS-Zeit wird Eichmann zum reibungslos funktionierenden Instrument des Machtapparates, ist das, was Kipphardt einen "funktionalen" Charakter nennt. Dieser ist bereit, seine funktionale Intelligenz losgelöst von Inhalten beliebig einzusetzen, und ist somit beliebig verfügbar. Er selbst "funktioniert" reibungslos und sorgt dafür, daß in dem ihm übertragenen Bereich ebenfalls alles reibungslos funktioniert, ohne jemals die Methoden und Ziele der Machthaber zu hinterfragen oder gar zu kritisieren. Er sieht sich in diesem System von Befehl und Gehorsam als derjenige, der nur Befehle ausführt und damit in seinem Verständnis für deren Inhalt nicht zur Verantwortung gezogen werden kann. Seine Identifikation mit der NS-Ideologie ist nach seinem Heraustreten aus der Sphäre des Elternhauses so vollständig, daß das Kriegsende für ihn einem Weltuntergang gleichkommt und den Verlust der eigenen Identität bedeutet.

Auswertung nach der Individualpsychologie Adlers

Für Adler ist ein entscheidender Faktor bei der Entwicklung eines Individuums seine Stellung in der Geschwisterreihe. Hier hat Eichmann als Ältester eine besonders schwierige Position. Er wird überaus streng erzogen und fühlt sich zumindest gegenüber den anderen Geschwistern benachteiligt ("Entthronung" des Ersten), wird es offenbar auch. Dazu kommt der frühe Tod der Mutter. Nach Adler spielt diese für die Entwicklung des Gemeinschaftsgefühls eines Kindes die wichtigste Rolle. Ferner hat Eichmann ständig die Erfahrung des Versagens gegenüber den Ansprüchen des Vaters. So kommt es bei ihm zu einem extrem ausgeprägten Minderwertigkeitskomplex, was nach Adler auf einen Mangel in der Entwicklung des Gemeinschaftsgefühls zurückzuführen ist. Dieses ist bei Eichmann aufgrund der oben angeführten Ursachen unterentwickelt. Das Gefühl der Minderwertigkeit überkompensiert er in seinem Lebensplan: Er will der Beste im Gehorchen sein und damit Macht und Geltung erlangen und so sein Minderwertigkeitsgefühl überwinden und sein Persönlichkeitsgefühl erhöhen (von einer Minus- zu einer Plussituation). (I 10 BE)

1.3 Die beiden sich gegenüberstehenden Werte sind

- der ideologisch konstruierte oberste Werte der Volksgemeinschaft und die Sicherung ihres Überlebens ("Du bist nichts, dein Volk ist alles!")
- der Wert des individuellen Lebens und der der Sohnesliebe.

Wer wie Eichmann eine Ideologie so verinnerlicht hat, übernimmt deren Normen und unterwirft sich so total ihrem Führungsanspruch, daß er seine Verantwortung vollständig an diese Autorität überträgt. (II 8 BE)

1.4 Von einigen Ausnahmen abgesehen, in denen dem Menschen die Verantwortung für sein Tun abgesprochen werden darf (z. B. Triebtäter), bleibt dem Menschen im allgemeinen trotz aller determinierenden Faktoren zumindest eine begrenzte Möglichkeit zur persönlichen sittlichen Entscheidung.

Selbst wenn man bei Eichmann aufgrund der Umstände seiner Erziehung zumindest eine gewisse Disposition zum Autoritätsgehorsam findet, man ihn vielleicht sogar im Sinne der Tiefenpsychologie als krank bezeichnen kann, so muß man doch bejahen, daß er auch vielfältige Möglichkeiten hatte, das Verbrecherische des Systems und damit seines Tuns zu erkennen. Er darf deshalb die Verantwortung nicht auf die "Staatsspitze" (Z. 69) abwälzen. Sein Schritt von der Unterordnung unter eine Autorität zum Mitmachen bei Verbrechen ist *nicht* durch die angegebenen Faktoren im strengen Sinn determiniert, sondern von ihm zu verantworten. Ihm ist vorzuwerfen, daß er sich der NS-Ideologie mit ihrer menschenverachtenden Willkür bedingungslos unterworfen und sie gleichsam als Ersatzreligion akzeptiert hat. Die angegebenen determinierenden Faktoren liefern zwar *Erklärungen* für sein Tun, können es aber *keinesfalls rechtfertigen!* (III 12 BE)

2.1 **z. B. Utilitarismus**

Nach dem Prinzip des "größten Glücks der größten Zahl" hat der einzelne sein Tun so einzurichten, daß er dadurch das Wohlergehen möglichst vieler sichert oder fördert und/oder Not und Leid verhindert. Er hat immer die Folgen seines Handelns für die "größte Zahl" zu bedenken, d. h., daß er auch "Leid" auf sich nehmen muß, wenn er dadurch das Glück einer größeren Zahl fördern kann.

z. B. Kant

Das moralisch richtige Verhalten des einzelnen hat sich am kategorischen Imperativ zu orientieren. Aufgrund seiner Anlage zum guten Willen muß der Mensch das Gute um des Gutes willen tun (Gesinnungsethik), ohne die Folgen seines Handelns zu berücksichtigen. Er muß dabei aufgrund seiner Vernunftbegabung seine Handlung vor dem Vernunftgesetz rechtfertigen können. Seine individuelle Verhaltensweise muß sich also an dem Gesichtspunkt der Verallgemeinerungsfähigkeit ausrichten, d. h., er muß so handeln, wie man es in gleicher Weise auch von jedem anderen Vernunftwesen verlangen und erwarten würde (Kann ich wollen, daß alle Menschen so handeln sollen?). (I 8 BE)

2.2 Nach der Problemstellung des Textes bietet sich als mögliches Beispiel an, den Wert der "Treue" oder "Gefolgschaftstreue" zugunsten des Wertes "Verantwortung" zu relativieren (vgl. auch 1.3!). Aus unserer Gegenwart läßt sich angesichts der Umweltzerstörung und der Vergeudung der Resourcen leicht ein weiteres Beispiel finden: Die Werte "materieller Wohlstand", "Fortschritt", "Leistung" sind zugunsten anderer werthaltiger Lebensentwürfe mit den Werten "Erhaltung der Umwelt", "Schonung der Resourcen" zurückgetreten und weisen auf einen sich vollziehenden Wertewandel.

Während es Werte gibt, die untereinander konkurrieren können, können und dürfen Grundwerte niemals zugunsten anderer Werte zurücktreten. Für ein mögliches Beispiel ließe sich auch hier auf den Text zurückgreifen (vgl. 1.3!). "Leben" ist ein Wert, der unter keinen Umständen zugunsten anderer Werte (Wohlstand, Prestige usw.) geopfert werden kann. Man darf z. B. nicht den Tod eines anderen in Kauf nehmen, nur um Ansehen oder Ruhm zu gewinnen (der Feldherr oder "Staatsmann" durch Kriege; der Mediziner, der wegen medizinischer Erkenntnisse die Gesundheit und das Leben seiner Patienten aufs Spiel setzt) oder um materielle Vorteile zu erringen (der Unternehmer, der seine Arbeiter bewußt unter lebensgefährlichen Bedingungen arbeiten läßt).

II 6 BE + III 6 BE)

Grundkurs Ethik: Abiturprüfungsaufgaben 1990
Aufgabe III – Schwerpunktthema: "Recht und Gerechtigkeit"

Text:

Die Gerechtigkeit ist eine formale Idee. Sie gibt auf zwei Fragen keine Antwort, setzt sie vielmehr als beantwortet voraus. Sie bedeutet Gleichbehandlung Gleicher, Ungleichbehandlung Ungleicher nach gleichem Maßstab, aber sie vermag weder 1. festzustellen, wer als gleich oder ungleich anzusehen ist, noch 2. wie die Gleichen und die Ungleichen zu behandeln seien. Gleichheit ist stets nur Abstraktion von vorhandener Ungleichheit, denn die Dinge und die Menschen dieser Welt sind einander ungleich. Ob z. B. zwei Verwirklicher des gleichen Verbrechenstatbestandes derselben Strafdrohung unterstellt werden sollen, weil sie Gleiches begangen haben, oder ob sie nach Maßgabe ihrer verschiedenen Vorstrafen und ihrer verschiedenen Gefährlichkeit verschieden behandelt werden sollen, diese Frage der Gleichheit oder Ungleichheit muß aufgrund von ethischen Erwägungen zuvor entschieden sein, ehe die Gerechtigkeit ihr Urteil sprechen kann. Ebensowenig läßt sich die Art und die absolute Höhe der Strafen aus der Gerechtigkeit ableiten. Gerechtigkeit kann das verhältnismäßige Maß der Strafen immer nur innerhalb eines gegebenen Strafensystems feststellen, aber nicht das Strafensystem selbst. Ob das Strafensystem oben begann mit verschärfter Todesstrafe[1] und unten endete mit peinlicher Haft[2] oder ob es oben mit lebenslänglicher Freiheitsstrafe beginnt und unten mit minimaler Geldstrafe endet, darüber vermag die Gerechtigkeit nichts zu sagen. Sie kann nur den Punkt in einer gegebenen Strafenskala bestimmen, der dem Punkt des gegebenen Schuld- oder Gefährlichkeitsmaßes des Täters entspricht. Nur die Form des Gesetzes: daß es für alle Gleichgestellten gleich sei und deshalb die Form der Allgemeinheit an sich trage, vermag die Gerechtigkeit zu bestimmen. Über den Inhalt solcher allgemeinen, für alle Gleichgestellten gleichermaßen gültigen Gesetze vermag sie dagegen nichts zu sagen.

Es soll damit freilich nicht gesagt werden, daß es nicht auch inhaltlich bestimmte Rechtssätze gibt, die allein aus der Gerechtigkeit ableitbar sind. Gerade Rechtssätze über die Rechtsanwendung können auch inhaltlich allein von der Gerechtigkeit bestimmt sein, etwa die Unabhängigkeit der Richter oder die Unzulässigkeit endgültiger Bestrafung ohne vorherige Verteidigungsmöglichkeit sind reine Gerechtigkeitsforderungen, die infolgedessen wie die Gerechtigkeit selbst absoluten Charakter haben. Die große Fülle der Rechtssätze aber empfängt von der Gerechtigkeit ihre Form, die Gleichheit der Behandlung aller und die Allgemeinheit der gesetzlichen Regelung, während ihr Inhalt der Ethik entnommen werden muß.

(Radbruch, G., Die Idee des Rechts. § 7. Die Gerechtigkeit. In: G. Radbruch, Vorschule der Rechtsphilosophie, Göttingen: Vandenhoeck und Ruprecht (Kleine Vandenhoeck-Reihe 80/81) ²1959, S. 26 f. Zum Zweck der Prüfung gekürzt und bearbeitet.)

[1] Königsmord z. B. konnte nur durch die verschärfte Todesstrafe der Vierteilung gesühnt werden.

[2] "peinlich" im alten Sinn von: "mit Schmerzen verbunden"; hier also z. B. Haftstrafe in Ketten

BE

1.1 Benennen Sie, was nach Ansicht des Autors die Gerechtigkeit als formale Idee für die Rechtsprechung leisten kann *und* was nicht! (6)

1.2 Nach Auffassung des Autors muß der Inhalt der Rechtssätze (Gesetze) der Ethik entnommen werden.

Zeigen Sie an *zwei* geeigneten konkreten Beispielen, welches moralische Prinzip zu welcher gesetzlichen Norm führt! (8)

1.3 Erläutern Sie, welche Ziele und Zwecke ein Staat jeweils anstrebt, wenn er sein Strafsystem auf der Vergeltungs- bzw. der Resozialisierungstheorie aufbaut! (8)

1.4 Beurteilen Sie aus *Ihrer* Sicht anhand *jeweils eines* positiven *und* negativen Gesichtspunkts, inwieweit in der *Anwendung* der jeweiligen Strafzwecktheorie Gerechtigkeit verwirklicht wird! (14)

Ergänzungsthema: "Glück"

2.1 Viele ethische Theorien gehen davon aus, daß Gerechtigkeit und Glück zusammenhängen.

a) Erläutern Sie, warum für antike Glücksphilosophen der Unrecht tuende Mensch letztlich nicht glücklich werden kann! (8)

b) Zeigen Sie anhand eines konkreten Beisipiels und gegebenenfalls aufgrund eigener Erfahrungen, wie das Erleben von Ungerechtigkeit *und* eigenes ungerechtes Handeln Glück mindern! (8)

2.2 Viele Glückslehren sahen in der Genügsamkeit, also in der Bereitschaft, sich freiwillig mit Wenigem zufriedenzugeben, eine wesentliche Tugend des Glücklichen und propagierten sie entsprechend.
Halten Sie Genügsamkeit noch für eine aktuelle Tugend?
Begründen Sie Ihre Meinung mit *zwei* Gesichtspunkten! (8)

Lösungshinweise

1.1 **Was die Gerechtigkeit als formale Idee leisten kann**

- Festlegung der *"Form des Gesetzes"* (Z. 19) nach dem Prinzip der "Gleichbehandlung Gleicher" und der "Ungleichbehandlung Ungleicher nach gleichem Maßstab" (Z. 2 f.) bei Allgemeingültigkeit der gesetzlichen Regelung (Z. 20 f.)
- Feststellung der *relativen* Strafhöhe (Z. 13: "das verhältnismäßige Maß der Strafen") "innerhalb eines gegebenen Strafensystems" (Z. 13 f.)

Was die Gerechtigkeit als formale Idee nicht leisten kann

- Festlegung des *Inhalts des Gesetzes:*
  Wer ist "als gleich oder ungleich anzusehen" (Z. 4)?
  Wie sind "die gleichen und die Ungleichen zu behandeln" (Z. 4f.)?
- Festlegung des Strafensystems, also die *Art* und das *Ausmaß* der Strafe (Z. 12: "Die Art und die absolute Höhe der Strafen") (I 6 BE)

1.2 Hier muß klar zwischen moralischen und rechtlichen Normen unterschieden und die Herkunft der gewählten Rechtsnorm aus dem Bereich der Moral aufgezeigt werden.

Mögliche Beispiele

"Du sollst nicht lügen!" ist eine moralische Norm, die entweder mit dem moralischen Prinzip der "Wahrheit um der Wahrheit willen" oder dem der Gegenseitigkeit (vgl. Aufgabe 1, 1.2) oder auch mit Kant (vgl. Aufgabe 1, 1.3) gerechtfertigt werden kann. Diese moralische Norm, daß man nicht lügen darf und sein Wort halten muß, ist mehrfach im positiven Recht codifiziert: Wenn man seine Unterschrift rechtsgültig unter einen Vertrag gesetzt hat, so muß man ihn einhalten. Oder: Das Machen falscher Angaben steht unter Strafe (Steuererklärung, Aussagen vor Gericht usw.).
Die sogenannte Goldene Regel ("Was du nicht willst, daß man dir tu, das füg auch keinem andern zu!") begründet viele moralische Normen. Weil man z. B. nicht will, daß man an seinem Eigentum durch einen anderen geschädigt wird, kann man als moralische Norm formulieren: "Du sollst nicht stehlen oder fremdes Gut beschädigen!" Diese moralische Norm hat in der Gesetzgebung zu den Straftatbeständen z. B. des Diebstahls, des Raubes und der Sachbeschädigung geführt.
Die Menschenwürde ist als konkurrenzlose moralische Norm anzusehen, das menschliche Leben als ein grundlegender Wert. Daraus folgt die moralische Norm: "Du sollst nicht töten!" Der Gesetzgeber hat den Grundwert des menschlichen Lebens durch vielfältige Rechtsnormen zu sichern gesucht: Tötungsverbot, wobei zwischen verschiedenen Delikten mit verschieden hohen Strafen unterschieden wird, z. B. fahrlässige Tötung, vorsätzliche Tötung, Mord, Fristenlösung bei Schwangerschaftsabbruch usw. (II 8 BE)

1.3 **Vergeltungstheorie:** Wiederherstellung und Bestätigung einer durch die Unrechtstat verletzten Rechtsordnung, die zugleich die sittliche Weltordnung repräsentiert

Resozialisierungstheorie: (Wieder-)Eingliederung des Täters in die Gesellschaft durch die Stärkung seiner Disposition und Fähigkeit zu rechtskonformem Verhalten (Therapie), um künftige Straftaten des Täters zu verhindern. (I 8 BE)

1.4 **Vergeltungstheorie**

Gerechtigkeit wird verwirklicht z. B. durch

- gleiche Bestrafung gleicher Taten ohne Ansehen der Person
- Bestrafung nach der Maßgabe der Schwere des Verbrechens (Tatstrafrecht)

Gerechtigkeit wird nicht verwirklicht z. B.

- durch zu geringe Berücksichtigung des Täters und seiner Motive (Schwere der Schuld)
- weil gleiches Strafmaß problematisch ist und z. T. zu unverhältnismäßigen Strafen führen kann

Resozialisierungstheorie
Gerechtigkeit wird verwirklicht z. B. durch
- Bestrafung nach der Maßgabe der dem Täter wirklich zurechenbaren Schuld
- Differenzierung zwischen verschiedenen Tätergruppen, z. B. Gelegenheitstäter, Konflikttäter, Hangtäter, Gewohnheitstäter

Gerechtigkeit wird nicht verwirklicht wegen der Gefahr z. B., daß
- die berechtigten Interessen des Opfers auf Genugtuung zu wenig berücksichtigt werden
- Straftäter mit gleicher Tat von unterschiedlichen Richtern unterschiedlich behandelt werden (II 4 BE + III 10 BE)

2.1 a) **z.B. Aristoteles**
Für Aristoteles ist "gutes" und damit "geglücktes" Leben ("eudaimonia") nur durch tugendhaftes Leben erreichbar. Wer gemäß dem Tugendideal der Mitte lebt (Mesotes-Lehre), verwirklicht wertmäßig damit das Höchste, die höchste ethische Tüchtigkeit, und gehorcht dem vornehmsten Teil seines Wesens, der Vernunft, die ihn von den anderen irdischen Lebewesen unterscheidet und ihn mit den Göttern verbindet. Unter den Tugenden, die von Aristoteles ausführlicher untersucht werden, ist auch die Gerechtigkeit zu finden. Als Mangel gemäß seinem Tugendideal der Mitte gilt ihm hier Unrecht leiden, als Übermaß hingegen Unrecht tun. Die Mitte hinsichtlich des Wesens dieser Tugend, die zugleich "nach der Vorzüglichkeit und Vollkommenheit aber das Höchste" ist (Nik. Eth. II, 6), ist die regelnde Gerechtigkeit. Wer Rechttun als Haltung in seine Lebensführung aufgenommen hat, besitzt nach Aristoteles die vollkommene Tugend, weil er sie auch andern gegenüber anwenden kann und nicht nur für sich. So ist die Gerechtigkeit für Aristoteles die Tugend schlechthin.
Also ist "Glück", "geglücktes" Leben unmittelbar vom Rechttun, von der Verwirklichung der Tugend der Gerechtigkeit abhängig. Und im Umkehrschluß gilt, daß der Unrecht tuende Mensch niemals glücklich sein kann.

b) Hier bieten sich v. a. Beispiele aus dem Bereich "Schule", "Familie", "Freundeskreis" an. Das Beispiel muß so gewählt werden, daß man darin selbst oder ein anderer unter Ungerechtigkeit leidet ("Mangel" nach Aristoteles) *und* daß man dann selbst oder der andere durch Unrechttun ("Übermaß" nach Aristoteles) Zustände herbeiführt, die einen nicht glücklich machen (z. B. durch Gewissensbisse). Das Beispiel darf also nicht veranschaulichen, daß man auf Kosten anderer ("Unrecht tun") Glück erlebt. Die soziale Dimension des Glücks ist hier angesprochen. (II 8 BE)

2.2 **Mögliche Aspekte**
- Genügsamkeit als christliche Tugend (Luxus = Sünde)
- Genügsamkeit als hedonistische Tugend: Wenige Bedürfnisse halten den Aufwand gering.
- Genügsamkeit als stoische Tugend. Seneca: "Glücklich kann derjenige genannt werden, der, von der Vernunft geleitet, nichts mehr wünscht und nichts mehr fürchtet." D. h., die Seelenruhe hat die Wunschlosigkeit zur Voraussetzung.
- Genügsamkeit im Rahmen der modernen Verantwortungsethik: Aus Verantwortung für die Welt als ganzes und für deren Zukunft müssen die eigenen Bedürfnisse zurückgeschraubt werden.

Auf der anderen Seite könnte man auch gesellschaftskritisch fragen:
- Wer hat ein Interesse daran, Genügsamkeit zu propagieren?
- Was bezweckt er damit?
- Die Freigabe der Welt zum Genuß kann doch nicht unmoralisch sein! (III 8 BE)

Grundkurs Ethik: Abiturprüfungsaufgaben 1990
Aufgabe IV – Schwerpunktthema: "Glück"

Text:

Wenn einem nach der Geburt ein behindertes Kind in den Arm gelegt wird, hat sich eine Welt verändert. Wir waren jung, unbeschwert, gesund, voller Tatendrang. Wir waren so glücklich, so glücklich, zu zweit zu sein, Kinder zu kriegen, eine Familie zu gründen.

Der behinderte Constantin war zu uns gekommen, ganz ohne Rücksicht auf unsere Fähigkeiten, unsere Kraft, unsere wirtschaftliche Lage. Zunächst suchten wir das Heute zu bewältigen, den Alltag. Als uns die erste Welle des Müdewerdens erfaßte, brachten wir Constantin in eine Universitätsklinik. Die Beurteilung traf uns dann wie ein Urteil: "Ein ganz hoffnungsloser Fall", hieß es, "dieses Kind wird nie sitzen und nie laufen lernen, es wird auch keine Zähne bekommen. Sie werden viele Sorgen haben."

Unser Baby in der Tragetasche, standen mein Mann und ich auf einem Bürgersteig und weinten. Als wir ganz leer waren, senkte sich auf uns ein großer Friede. Wir waren uns darüber klar geworden, daß dieser Junge nie so sein würde, wie wir ihn uns gewünscht hatten. Aber er brauchte uns, mehr als jedes andere Kind. Wir waren entschlossen, ihm eine Umgebung zu schaffen, in der er wachsen und gedeihen konnte. Wissen Sie, wozu das führt?

Man verändert sich, man bekommt Ecken und Kanten, eben die, die man herausstehen läßt, um dem behinderten Constantin einen Lebensraum zu schaffen. Wir verteidigten ihn und seine Behinderung in der Verwandtschaft, im Freundeskreis, schließlich im Supermarkt – und verloren dabei unsere Stromlinienform. Es entstanden zwei Lager. Man stieß sich an uns – oder man kam gerade wegen des behinderten Kindes auf uns zu. Wir schafften es zu dritt mit meiner Mutter, dieses Kind Stufe um Stufe wachsen zu lassen. In dieser Behutsamkeit, ohne noch den geringsten "Anspruch" auf ein schnelles Gedeihen, hatten wir viele unverwartete und aufregende Glückserlebnisse, von einer Tiefe, die nicht auslotbar ist, von einer Bescheidenheit dennoch, daß sie anderen unverständlich blieben. Es ist uns zum Beispiel in Constantins 27 Lebensjahren nicht gelungen, den meisten unserer Verwandten und Freunden "rüberzubringen", daß wir uns "wie verrückt" freuen, wenn er auf Urlaub nach Hause kommen darf – man glaubt es uns einfach nicht.

Es gibt manche böse Seiten der Behinderung, die ein Außenstehender zunächst nicht erkennt, zum Beispiel die Abhängigkeit von anderen Menschen. Aber zugetraut zu bekommen, im Einzel-Sessellift auf den Berg zu fahren, wo doch schon das Aufklappen des Sicherheitsbügels für Constantin den sicheren Absturz bedeutete – das war das schiere Glück für unseren Jungen. Dieser Entschluß und Mut von uns Eltern kam einem Drahtseilakt gleich, aber die Augen des Kindes, das in äußerster Sensibilität meine inneren Kämpfe durchaus erkannte, diese Augen, diese Dankbarkeit, daß wir ihm etwas zugetraut hatten, entlohnten uns reich.

Ein umfassendes Jasagen der Eltern ist die entscheidende Voraussetzung zum Wachsen und Formen des behinderten Kindes. Diese bedingungslose Hingabe an das kranke Kind wandelt sich um in die Kraft der Eltern, das Unabänderliche zu ertragen und doch unerwartet Freude an der Grenze von Glück zu entdecken.

(Lossow v., A. M., Rede über Constantin. In: SZ Nr. 93 vom 22./23. April 1989. Zum Zweck der Prüfung gekürzt und bearbeitet.)

BE

1.1 In der Situation der Eltern spielen Glücks*erwartungen,* Unglücks- und Glücks*erfahrungen* eine Rolle.

Beschreiben Sie mit eigenen Worten, welche Entwicklung die Eltern im Bereich dieser Aspekte durchmachen, *und* stellen Sie deren neue Auffassung von Glück dar! (12)

1.2 Erklären Sie vor dem Hintergrund in der Gesellschaft verbreiteter Glücksvorstellungen, warum ein behindertes Kind im Hinblick auf sein eigenes und auf das Schicksal seiner Eltern im allgemeinen als Unglück empfunden wird! (10)

1.3 Stellen Sie dar, wie Eltern mit einem solchen Schicksalsschlag leben können, wenn sie die Glücksvorstellung einer philosophisch begründeten ethischen Theorie *oder* die einer Religion akzeptieren und sie zu befolgen versuchen! (14)

Ergänzungsthema: "Freiheit und Determination"

2.1 "Keiner kann seinem Schicksal entrinnen!"
"Jeder ist seines Glückes Schmied!"

a) Stellen Sie dar, welche konkreten Erfahrungen Menschen gemacht haben müssen, damit diese Lebensweisheiten entstehen konnten!

b) Erläutern Sie mit Hilfe von Grundvorstellungen der Tiefenpsychologie *oder* der Soziologie, inwiefern die beiden Sentenzen über die menschliche Freiheit einander nur *scheinbar* widersprechen! (14)

2.2 Zeigen Sie am Beispiel eines philosophisch begründeten ethischen Entwurfs, wie dort die Frage der Willensfreiheit beantwortet wird! (10)

Lösungshinweise

1.1 **Glückserwartungen**
Die Eltern erwarten, z. T. unbewußt, daß ein gesundes Kind ihren Lebens- und Erfahrungshorizont erweitert und dadurch neue Möglichkeiten an Glückserfahrungen bietet (Z. 2 f.: "voller Tatendrang", "eine Familie gründen").

Unglückserfahrungen
Sie sind maßlos enttäuscht über die Behinderung. Das Gefühl der psychischen, physischen und wirtschaftlichen Überforderung steigert sich zur tiefen Erschöpfung (Z. 6: "erste Welle des Müdewerdens"). Sie meinen zu versagen, weil sie die Aufgaben nicht meistern zu können glauben. Vor allem die endgültige Erkenntnis der nicht behebbaren Behinderung ruft in ihnen ein Gefühl der totalen Leere hervor (Z. 11).

Glückserfahrungen
Dieser Text kann als ein Beispiel zur Bestätigung und Veranschaulichung von Frankls Thesen über Glück angesehen werden. Glück und Lust sind nach ihm Effekte und können nicht direkt angestrebt werden. Vielmehr braucht der Mensch einen Grund zum Glücklichsein. Dieser "Wille zum Sinn" ist nach Frankl gelebte Selbsttranszendenz, nämlich das selbstvergessene Hingegebensein an einen Partner oder das selbstvergessene Aufgehen in einer Sache.
Die Eltern in diesem Text nehmen die Herausforderung an, indem sie sich der "Forderung der Stunde" – wie Frankl es nennt – stellen, und meistern damit ihr Schicksal; denn nach Frankl gibt es keine Situation, in der das Leben dem Menschen nicht eine Sinnmöglichkeit anbieten würde. Die bedingungslose Hingabe an das Kind ist das, was Frankl "Selbsttranszendenz" nennt, die zur Selbstverwirklichung und damit zu Glück führt. So machen die Eltern also qualitativ ganz neue Glückserfahrungen und kommen zu einer neuen Auffassung von Glück. Gerade ihr behindertes Kind ist Quelle ihres Glücks geworden.
Dazu kommt noch das Gefühl der Selbstbestätigung, daß sie gegen so viele Widerstände die schwierige Situation bewältigen können. (II 12 BE)

1.2 In der modernen Gesellschaft orientieren sich die allgemeinen Glücksvorstellungen an einem hedonistischen Lebensgefühl: Bedürfnis nach Luxus, Lebensgenuß, Annehmlichkeiten, Ungebundensein. Menschliche Grenzsituationen, wie Leid, Krankheit, Tod, werden verdrängt.

Schicksal der Eltern
- Einschränkung der Bewegungsfreiheit sowohl im Alltag wie im Urlaub ("Angehängtsein")
- außergewöhnliche physische und psychische Belastungen, z. B. im Haushalt, im Straßenverkehr, in der Schule
- eventueller Verzicht eines Ehepartners auf die Ausübung des Berufs
- finanzielle Einbußen
- mögliche gesellschaftliche Isolierung
- mögliche Schuldgefühle gegenüber dem Kind und dem Partner
- Mitleiden mit dem Kind

Schicksal des Kindes
- lebenslange Abhängigkeit von der Hilfe durch andere
- mögliches Minderwertigkeitsgefühl
- Außenseitertum durch Nicht-Teilnahme am "normalen" Leben
- eingeschränkte Zukunftsperspektive
- eingeschränkte Möglichkeiten der Selbstverwirklichung (I 4 BE + II 6 BE)

1.3 **Philosophie, z. B. Stoa**

Man kann die Glücksvorstellung der Stoa mit der Devise "Durch Apathie zur Ataraxie" umschreiben. Die "Seelenruhe" als Ziel der sittlichen Selbsterziehung setzt die "Apathie" voraus, die Wunsch- und Affektlosigkeit, die Unempfindlichkeit gegen unabänderliche Schicksalsschläge und die Widrigkeiten des Lebens. Man muß sich gleichmütig in das fügen, was man doch nicht ändern kann. Dadurch gewinnt man Unabhängigkeit, Freiheit.

Die "Apathie" des stoischen Weisen nimmt später auch noch den Aspekt des vernünftigen Wohlwollens für andere ("Eupathie") bis hin zum tätigen Engagement für die Allgemeinheit in sich auf.

Religion, z. B. Christentum

Das christliche Hauptgebot ist das der Nächstenliebe. Die Güte Gottes dem Menschen gegenüber ist Vorbild für das Verhalten der Menschen untereinander. Der Nächste ist als Gleicher und Bruder anzunehmen. Indem der Mensch auf Erden für den Nächsten sorgt, sorgt er zugleich für sein Seelenheil. Denn das Ziel des Menschen liegt nicht in einem innerweltichen Glück, sondern in einem transzendenten Heil. Das Ertragen und Annehmen von Leid hat seine tiefste Grundlegung in dem Vertrauensverhältnis des Menschen zu Gott (vgl. Hiob, Jesus). (I 4 BE + III 10 BE)

2.1 **"Schicksal"**

Überindividuelle, vom einzelnen Menschen nicht beeinflußbare Phänomene

Negative Erfahrungen:
- Krankheit
- Tod
- Katastrophen
- Krieg

Positive Erfahrungen:
- Gewinn bei einem Glücksspiel (z. B. Lotto)
- Karriere durch Zufall oder Protektion
- "Glück im Unglück"
- Partnerwahl: "Liebe auf den ersten Blick"

"Schmied"

Vom Menschen selbst innerhalb seines Handlungsspielraums beeinflußbar
- Erfolgserlebnisse aufgrund eigener Leistung und Anstrengung
- Verwirklichung von Plänen
- Bestätigung und Erleben des eigenen Durchsetzungsvermögens
- Selbstüberwindung
- bestätigtes Vertrauen auf die Machbarkeit (Homo faber)

Tiefenpsychologie

"Schicksal": Das Gefühl des Ausgeliefertseins stellt sich ein, weil der Mensch nicht frei ist, weil er vom Unbewußten, dem Es, z. T. auch vom Über-Ich determiniert ist.

"Schmied": *Aber* der Mensch ist nicht völlig determiniert. Er hat nämlich auch die Möglichkeit des Gestaltenkönnens. Er kann sich mit Hilfe der Vernunft Zugang und Kontrolle über das Unbewußte verschaffen. Das Ich kann steuernde und entscheidende Instanz werden.

Soziologie

"Schicksal": Die Soziologie weist zwar nach, daß der Mensch einer Reihe von Determinanten ausgesetzt ist. Es ist das subjektive Gefühl, diesen ausgeliefert zu sein und nicht anders handeln zu können: Rollenverhalten ohne Bewußtsein von möglichen Alternativen, mauvaise foi.

"Schmied": *Aber* auch in der Gesellschaft ist die Möglichkeit zu einer, wenn auch nicht absolut freien, so doch relativ autonomen, mündigen Lebensführung gegeben, weil die Rollen nicht vollständig determinieren: Rollendistanz bis hin zur Rollenverweigerung.

2.2 **z. B. Kant**

Nach Kant gehört der Mensch als Sinneswesen der Welt der Erscheinungen an, in der unverbrüchlich der Kausalzusammenhang gilt. Als empirisches Wesen ist der Mensch also in diesen voll eingebunden und damit in all seinem Tun und Handeln kausal determiniert, d.h. unfrei. Wenn das allerdings die einzige Sicht wäre, unter der man den Menschen sehen könnte, dann wäre der kategorische Imperativ nicht sinnvoll. Ihm *soll* der Mensch folgen, *muß* es aber nicht. Der kategorische Imperativ hat nur einen Sinn, wenn der Mensch frei ist, einen freien Willen hat. Kant löst nun dieses Dilemma dadurch, daß für ihn der Mensch Bürger zweier Welten ist ("Zwei-Welten-Theorie"). Neben der Sinnenwelt mit der in ihr geltenden Kausalität gehört der Mensch als sittliches Wesen auch der noumenalen, übersinnlichen Welt an, in der er sich als ein vernunftgegabtes, "intelligibles" Wesen erfährt und somit als frei empfinden muß; denn Vernunft muß sich selbst als Urheberin ihrer Prinzipien ansehen, als ihre eigene Gesetzgeberin (Autonomie!) und darf nicht einer Leitung von außen unterworfen werden (Ablehnung der Heteronomie). Der freie Wille stellt sich selbst unter das sittliche Gesetz. Kant kann die Freiheit des Willens zwar logisch nicht beweisen, da in der Welt der Erscheinungen nur Determiniertheit durch das Kausalprinzip gilt, muß sie aber als Ethiker retten und postuliert sie aus sittlich-praktischen Gründen. (I 10 BE)

Bitte hier abtrennen

Haben Sie Vorschläge zu diesem Buch?

Anregungen zur Verbesserung sind uns immer willkommen.
Bitte informieren Sie uns mit diesem Schein.

Ihr Stark Verlag

Titel-Nr.	Seite	Fehler, Verbesserungsvorschlag

ABITUR-PRÜFUNGEN

Zur letzten und wichtigen Prüfungsvorbereitung. Umfangreiche Aufgabensammlung mehrerer Jahrgänge, einschließlich der 1990, in Bayern zentralgestellten Abituraufgaben. Mit vollständigen, schülergerechten Lösungen zur Selbstkontrolle. Da geht jeder Schüler gut vorbereitet ins Abitur.

Mathematik

Mathematik Leistungskurs
1985-1990 mit vollständigen Lösungen
• **Best.Nr. 500 DM 12,80**

Mathematik Leistungskurs
1980-1984 mit vollständigen Lösungen
• **Best.Nr. 504 DM 10,80**

Mathematik Grundkurs
1984-1990 mit vollständigen Lösungen
• **Best.Nr. 510 DM 12,80**

Physik

Physik Leistungskurs
1984-1990 mit vollständigen Lösungen
• **Best.Nr. 530 DM 12,80**

Physik Leistungskurs
1976-1979 u. 1982-1983 mit vollständigen Lösungen
• **Best.Nr. 531 DM10,80**

Physik Grundkurs
1984-1990 mit vollständigen Lösungen
• **Best.Nr. 532 DM 12,80**

Deutsch

Deutsch Leistungskurs
1987-1990 mit Lösungsvorschlägen
• **Best.Nr. 540 DM 12,80**

Deutsch Grundkurs
1985-1990 mit Lösungsvorschlägen
• **Best.Nr. 541 DM 12,80**

Englisch

Englisch Leistungskurs
1977-1990 mit vollständigen Lösungen
• **Best.Nr. 546 DM 12,80**

Englisch Grundkurs
1976-1990 mit vollständigen Lösungen
• **Best.Nr. 547 DM 11,80**

Französisch

Französisch Leistungskurs
1981-1990 mit vollständigen Lösungen
• **Best.Nr. 550 DM 12,80**

Französisch Grundkurs
1981-1990 mit vollständigen Lösungen
• **Best.Nr. 553 DM 11,80**

Latein

Latein Leistungskurs
1980-1990 mit vollständigen Lösungen
• **Best.Nr. 560 DM 12,80**

Latein Grundkurs
1981-1990 mit vollständigen Lösungen
• **Best.Nr. 563 DM 10,80**

Biologie

Biologie Leistungskurs
1982-1990 mit vollständigen Lösungen
• **Best.Nr. 570 M 12,80**

Biologie Grundkurs
1983-1990 mit vollständigen Lösungen
• **Best.Nr. 571 DM 12,80**

Chemie

Cemie Leistungskurs
1983-1990 mit vollständigen Lösungen
• **Best.Nr. 573 DM 12,80**

Cemie Leistungskurs
Auswahl 1978-1982 mit vollständigen Lösungen
• **Best.Nr. 638 DM 9,80**

Chemie Grundkurs
1984-1990 mit vollständigen Lösungen
• **Best.Nr. 574 DM 12,80**

Geschichte

Geschichte Leistungskurs
1984-1990 mit vollständigen Lösungen
• **Best.Nr. 576 DM 14,80**

Geschichte Grundkurs
1987-1990 mit vollständigen Lösungen
• **Best.Nr. 578 DM 14,80**

Sozialkunde

Sozialkunde Leistungskurs
1987-1990 mit vollständigen Lösungen
• Best.Nr. 580 DM 12,80

Sozialkunde Grundkurs
1985-1990 mit vollständigen Lösungen
• **Best.Nr. 583 DM 12,80**

Wirtschaft/Recht

Wirtschaft/Recht Leistungskurs
1986-1990 mit vollständigen Lösungen
• **Best.Nr. 585 DM 14,80**

Wirtschaft/Recht Leistungskurs
Auswahl 1981-1985 mit vollständigen Lösungen
• **Best.Nr. 586 DM 14,80**

Wirtschaft/Recht Grundkurs
1985-1990 mit vollständigen Lösungen
• **Best.Nr. 588 DM 14,80**

Erdkunde

Erdkunde Leistungskurs
1986-1990 mit vollständigen Lösungen
• **Best.Nr. 590 DM 14,80**

Colloquiumsprüfung Erdkunde
Aufgaben mit Lösungen
• **Best.Nr. 592 DM 9,80**

Erdkunde Grundkurs
1988-1990 mit vollständigen Lösungen
• **Best.Nr. 593 DM 14,80**

Kunst

Kunst Leistungskurs
1980-1990 mit Abbildungen (sw) und Lösungen
• **Best.Nr. 596 DM 19,80**

Sport

Sport Leistungskurs
1983-1990 mit vollständigen Lösungen
• **Best.Nr. 598 DM 14,80**

Religion/Ethik

Religion r.-k. Grundkurs
einschl. 1990 mit ausführlichen Lösungen und exemplarischen Colloquiumsprüfungen
• **Best.Nr. 95990 DM 12,80**

Ethik Grundkurs
einschl. 1990 mit ausführlichen Lösungen und exemplarischen Colloquiumsprüfungen
• **Best.Nr.95950 DM 12,80**

Bestellungen bitte direkt an den Stark-Verlag, Postfach 1852, D-8050 Freising.

Preisänderungen behalten wir uns vor.